子どものスマホ・トラブル対応ガイド

全国webカウンセリング協議会 理事長
安川 雅史／著

ぎょうせい

はじめに――子どもとインターネットの今

スマートフォン（スマホ）は、非常に便利な道具ですが、包丁と同じで、使い方を誤ると大変危険な道具になってしまいます。間違った使用により、犯罪に巻き込まれたり、子どもが加害者となって事件を起こしてしまうことも目立つようになってきています。本人は犯罪の意識がなくても、中には逮捕に至るケースもあります。

親がスマホを買い与えていなくても、親に内緒でDVDレンタルショップなどで売られている中古のスマホを購入したり、先輩からもらったりして、隠れて利用している子どもも増えています。スマホを持っていなくても、ゲーム機や音楽プレーヤー、タブレットを使う子どもたちが同様の被害に巻き込まれるケースもあります。ネットいじめが原因で自殺してしまう子どももいます。教師も、保護者も「わからない」「ついていけない」で済まされる時代ではありません。子どもたちをいじめの被害者にも加害者にもさせないために、また、犯罪に巻き込ませないためにも、しっかりと今の子どもたちの現状を把握し、対策を立てていかなければなりません。この本が今後の生徒指導や家庭教育に役立つことを願っています。

平成28年3月

全国ｗｅｂカウンセリング協議会　理事長　安川雅史

目次

目次

目　次

資料　トラブル防止・解決の手引き

おわりに

第1章
Chapter1

スマホに〝操作される〟子どもたち

第1節　子どもを取り巻くネットトラブルの実情

スマホは四次元ポケット!?

スマホは、従来の「ガラケー」と呼ばれるケータイに比べて圧倒的に使いやすくなりました。スマホがあればゲームアプリで遊べ、動画を視聴し、音楽も聴くことができます。画像もたくさん保存でき、撮影した写真を友達と共有することもできます。キータッチの操作もしやすく、複数のアプリを同時に使用することもできます。不慣れな場所でも、電車の乗り換えアプリや地図アプリを使って簡単に目的地にたどりつけます。短時間で遊ぶことのできる手軽なゲームも多く、移動時間も楽しく過ごすことができます。ファストフード店のアプリでは、買いに行く前にメニューと値段を見ることができ、買いたいものを選んでセットしておけば、お店に行ったときにはスマホをかざすだけで、割引価格で注文が完了してしまいます。

定期テスト対策や、入試対策までスマホのアプリで勉強できる時代です。学習塾や予備校の授業動画も視聴することができます。また、様々な勉強や資格取得に役立つアプリも開発されています。私たちが学生の頃は、辞書にマーカーを引いて英単語を覚えましたが、今は、辞書を持ち歩く人はいません。辞書のアプリも様々な種類が提供されているため、スマホひとつで、全て調べることができるのです。

調べ物をしたいときは、複数のアプリを使いこなしたり、小さな画面でウェブサイトをたどったりする必要もありません。「今日の天気は？」「今日は何曜日？」など音声アシストに向かってしゃべるだけで教えてくれるからです。子どもにとってスマホは、「ドラえもん」の四次元ポケットのようなものなのです。

子どもたちはそんなスマホの魅力にすっかりはまってしまい、最近ではスマホがなければ落ち着かないという依存傾向にある子が増えています。保護者から私たちに寄せられる相談も、「子どもが家にいる間、ずっとスマホでＬＩＮＥに夢中になっている」「スマホを持たせてから、スマホ依存になって成績が下がった」というものが目立ちます。文部科学省の調査では、スマホの利用時間が長くなるほど、成績が悪くなるという結果が実際に出ており、スマホ利用による学力の低下が懸念されています。

また、日頃子どもたちが遊んでいるゲーム機や音楽プレイヤー、タブレットでもインターネットに接続することができるため、スマホと同様のリスクがあると言えます。学力低下だけでなく、ＳＮＳで知らない人と出会って犯罪に巻き込まれるなど、ネットの世界はたくさんの危険であふれているのです。警察では、未成年をネット被害から守るために、２０１３年10月からサイバー補導を実施しています。サイバー補導とは、出会い系サイトやＳＮＳに一般人のふりをして警察官が入りこみ、援助交際を希望する子どもと実際に会って補導するというものです。

スマホを買い与える前に考えたいこと

デジタルアーツ株式会社の調査結果（「未成年の携帯電話・スマートフォン利用実態調査」2015年7月6日発表）によると、高校生の99％がスマホを所有しているという驚くべき数字が出ています（小学校高学年は40・8％、中学生は62・1％でした）。小学生でも、クラスの数人がスマホを持っているという状況です。

子どもたちは友達がスマホを持っているのを見ると自分も欲しくなるので、親に「クラスのみんながスマホを持っているので買ってほしい」とねだってきます。親も自分の子だけがスマホを持っていないと仲間はずれにされるのでは、と考えてしまい、子どもに買い与えてしまいがちです。子どもは、クラスの中で2、3人しか持っていなくても、スマホを買ってもらうために、みんなが持っていると大げさに言ってしまうものです。保護者は、子どもの話を鵜呑みにするのではなく、ほかの親からも話を聞いて、購入するかどうかを考えなければなりません。

先ほどの調査結果の「インターネット上の犯罪・違法行為の認識」の項目では、「インターネット上の書き込み・投稿の罰則の認識」について、親が50・4％、子どもが53・7％、女子高校生は35・9％、女子中学生は64・1％という高い割合で「知らない」と回答しています。また、女子高校生の約半数が「違法行為の仲間を募集する」「法令違反になることを強要する」「商標の無断転引用」などの行為を違法行為と認識しておらず、女子中学生の40・5％が「他人を自殺に追い込むと捕まる」ことを認知していませんでした。

2014年3月に同社が実施したスマホ使用実態調査によると、ネット上の友達と「実際に会いたい」もしくは「会ったことがある」と回答したのは、未成年者全体で38・5%、男子小学生で24・4%、女子小学生で25・0%、女子高校生は56・6%という非常に高い割合でした。これまでは、ネットいじめやネットを通して犯罪に巻き込まれる子どもは、ごく一部の子どもだけの問題だと思われていましたが、誰にでも起こり得ることだと考えなければならない時代なのです。

現実感覚を失わせるスマホの世界

スマホは便利な道具ですが、使い方次第でプラスにもマイナスにもなります。幼少期から24時間インターネットを利用できる環境にある子どもは、会話をする感覚で文字を入力することができます。そのため、安易に不用意な投稿をしてしまう傾向が高く、その投稿が炎上事件につながってしまうことが多々あります。さらに、SNSアプリの増加やカメラアプリの急速な進化により、撮影・加工・投稿までが簡単にできるようになると、悪ふざけ動画やモラルに欠ける画像の投稿が目立つようになりました。また、ゲームの中の暴力やSNSでのネットいじめにさらされることによって子どもは暴力やいじめに対して鈍感になり、問題が起きたときに暴力的な言動に出ることは普通のことだと考えるようになってしまいます。

家庭内では、スマホの普及が親子間の会話の減少をもたらし、子どもの現状がわからなくなるという悪循環が起こっています。保護者は、とにかく子どもと会話をする時間を毎日設けるべきです。何気ないコミュニケーションの中から、子どもたちはやっていいことと悪いことの分別を学んでいくものです。

ネットいじめに関しても、ＬＩＮＥなどの閉ざされた空間で行われているのが現状です。ＬＩＮＥなどでトラブルが起こった場合は、ＬＩＮＥの中で解決をしようとするのではなく、直接会って顔を合わせて会話をすることが必要です。教師や保護者は、日頃から顔を合わせて会話することの大切さを教えていかなければなりません。

子どもがスマホにはまる訳

ネット依存外来を持つ成城墨岡クリニックによると、２００７年から２０１３年の７年間で初診患者数は81人から２８５人と３・５倍に増えているとのことです。患者は10〜20代の若年齢層が中心で、平均年齢は17・８歳。患者は１日10〜11時間ほどスマホを操作しているとのことです。

ネット上で知り合った相手とやりとりすることについては、依存傾向が高い子どもの方が「いろいろな人と知り合うのは楽しい」（40・６％）と肯定的な意識を持っており、「ネットで知り合った相手と実際に会った」（15・５％）子どもも多いとのことでした。

不登校やいじめにあった子どもは、ＳＮＳやゲームに夢中になり、抜け出せなくなることもあります。問題を抱えた子がＳＮＳやゲームにはまる理由は、現実逃避ができるからです。擬似恋愛ゲームの彼氏に夢中になり、夜、寝ようとしても「まだ寝るなよ」と言われ、朝までやりとりを繰り返して、不登校になってしまった女子中学生もいます。

彼・彼女たちはネットやゲームをしているときは、学校のことも、家族のことも忘れ、現実逃避ができると言います。部活に打ち込んでいたり、勉強を頑張っていたり、現実生活が充実している子どもはネット依存やゲーム依存にはなりません。不登校になっている子どもがネットやゲームに依存してしまうのは、現実では面白いことがなく、ネットやゲームの世界に夢中になっていた方が余計なことを考えなくてもいいからなのです。

そのような状況から子どもを救うには、子どもが悩みを打ち明けられる環境をつくることが大切です。親の表情が和やかだと子どもは落ち着きます。リビングを居心地のよい場所にすることも大切です。しっかりと子どもの気持ちを受け止め、ネットやゲーム以外の居場所をつくってください。

スマホ依存の代償

スマホでのつながりは、本当のつながりとは違います。保護者や教師は、子どもたちに本当の人と人とのつながりの大切さを教えていかなければなりません。スマホが子どもたちの遊びの世界に深く入り込んできたことで、子どもは今や数えきれないほどの刺激的なゲームがいつでもできる環境にあります。しかし、こうした環境は子どものコミュニケーション能力や社交能力の低下につながり、感情をコントロールできないなどの深刻な事態を招くこともあります。コミュニケーション能力とは、顔の表情や声のトーン、身振り手振りなどを通して、自分の言葉で相手に伝え、また相手の気持ちを読み取る能力です。LINEやネット上でのやりとりでは、相手の表情や反応が読み取れません。ネットに依存している子どもは、コミュニケーション能力を身につけるのが難しいと言えます。

短い文面では、誤解も生じて、真意が伝わりません。最近の子どもは会話を面倒くさがり、LINEで済ませてしまう傾向がありますが、一方で、将来就職する上では、多くの企業がコミュニケーション能力の高い人材を求めています。私たちの社会は進化し続けても、人と人との実際の関わりがなければ成り立たないのです。私たちが生きているのは、バーチャルな世界ではありません。子どもたちには現実社会で通用するコミュニケーション能力を身につけさせることが必要なのです。

ゲーム依存に陥るメカニズムとは

ゲームを提供する会社も、他社のゲームよりも自社のゲームで遊んでほしいので、競い合いの中で、スマホのゲームは、刺激的で面白く進化しています。また運営会社側は、子どもたちが簡単にやめることができないように様々な工夫を凝らしているので、状況判断ができるようになってきた高校生でもはまってしまいます。

大切な子ども時代をゲームに翻弄され、友達との人間関係がつくれずコミュニケーション能力が育たない。これでは、将来的に取り返しがつかないことになります。ゲームの面白さを覚えた子は小学校入学前の子でも、暇になると親に「ゲームしていい？」と聞いてきます。幼いうちからゲーム機を与えて、一人にしておく時間が長くなると間違いなくゲーム依存になってしまいます。

最近は、電車、バス、ファミレス、ファストフード店など、どこへ行っても大多数の人がスマホに視線を向けている光景があります。必死の表情で手を動かしてゲームに興じている人も少なくありません。「子どもが家にいる間、ずっとゲームをして困っている」といった相談も増えています。

これは、「ヘドニック・トレッドミル現象」と言います。ヘドニック・トレッドミル現象とは、幸せ感が薄れて、さらに欲望が増すことです。収入が増えれば気分が高まりますが、次いで願望も高まります。これまでよりも大きな家を買っても、周りの人が自分より金持ちなら、もっとお金が欲しくなります。スマホゲームでも、クリアしたり高得点を取ったりすれば喜びが得られます。そのときはそれで終わりでも、「またその喜びを味わいたい」「高得点を取りたい」と再びチャレンジします。レベルが上がったり、最高得点を更新したりするたびに幸福感は増しますが、長くは続かず、またその興奮を得るためにゲームをしたくなるのです。

スマホゲームから抜け出すためには、現実社会で打ち込めるものを一つつくることです。また、スマホゲームに依存したことにより何が得られたかを冷静に考え直し、失ったものの方がはるかに大きいことを自覚させなければなりません。このとき、子どもに失ったものを全て紙に書き出させ、冷静に見直させることが有効です。

第2節　ネットの罠に陥る子どもの素顔

危険な連鎖を生み出す悪意と好奇心

　悪質投稿を繰り返す子どもは、普段は周りから相手にされないため、注目を浴びたいという心理があります。自分の悪質投稿がテレビで放送されたり、多くの人に注目されると英雄になったと錯覚を起こすのです。また、最近は「ユーチューバー」（ＹｏｕＴｕｂｅを利用して動画コンテンツをアップロードしてビジネスを実践するクリエイターのこと）と呼ばれる人気投稿者になりたいと思っている子も多いようです。中には、ＹｏｕＴｕｂｅで人気者になるために、過激な投稿をする子もいます。これは「かまってほしい」「見てほしい」という欲求の表れで、実生活では仕事や勉強などで評価を受けていない人物が、目立ちたいために過激な動画や犯罪動画を投稿することもあります。そのような子どもを面白がって金銭面で支援する大人もいるのです。

　また、ネット上で人を批判し、悪口ばかりを書く人がいます。その行為を理解し共感することは難しいですが、そのような人がいるということを認識しなければなりません。子どもたちのＴｗｉｔｔｅｒでの何気ない投稿にも、誹謗中傷が集まる可能性はあります。身近な人であれば、議論をしてわかってもらうことも可能ですが、ネット上では対面で話すのとは違い、本当の思いを伝えることは難しく、さらに誤解を招くことにもなりかねません。また、Ｔｗｉｔｔｅｒは１４４文字の限られた文字数での発言のため、短い文字のやりとりからでは相手の真意を考えるに至らず、自分の意見が少しでも否定されると感情的になりがちです。特に、否定されることに慣れていない子どもたちの場合は、深く考えずに反論し、それを見た人がさらに攻撃的な発言をしてきて……というやりとりが延々と繰り返されてしまいます。一度そのやりとりから距離を置いてみて、冷静な対応を検討してみることも大切です。返信をしないということも一つの対応です。また、インターネット上で発言をするということは、全世界の誰でも見ることができ、それが記録として残ってしまうということを忘れてはいけません。

なぜ過激な書き込みをしてしまうのか

人は、自分の名前や身元が人に知られない場合や罰せられない場合、乱暴になりやすいという心理学の実験結果が出ています。現実では、「罰を受ける」「殴られる」「仕返しされる」と恐れて行動には移さないけれども、インターネットの世界では、身元を明かさなくとも書き込みができてしまうため、誹謗中傷・反論・批判を生みやすい環境を作っているのです。万引き自慢や悪ふざけ動画を載せた人に対して、正義感が強いが勇気が無く、人に面と向かって注意できない人や、現実の世界で自分の存在意義を見出せない人は、そのような画像を載せたりした人に対して、ひどい言葉を書いたりしてしまいます。自分の意見が全て正しいと考え、自分の考えと違う人は全て悪と判断し、とにかく激しく攻撃したくなってしまうのです。

ネットは陰口の世界です。面と向かって言えないストレスをネットにぶつけるのです。「自分に自信がない」「優位に立ちたい」「立派に見せたい」「正当化したい」という気持ちが他者への攻撃へと移り、人を悪者にして、自分は正しいと主張してきます。ネットなどで誹謗中傷している人は、自分に自信がないので、誹謗中傷されるのが怖く、自分のことを公開しません。匿名なので過激で無責任な発言を繰り返してしまうのです。また、他者への妬みから誹謗中傷を書く人もいますし、自分の無知や思い込み、先入観から誹謗中傷を書く人もいます。自分と違う価値基準の人を叩いて、正義だと思い込んでいる人もいます。

また、家族の不和やいじめによるストレスから攻撃的な書き込みをする子もいます。ネットでの誹謗中傷の書き込みで検挙された人たちは、ストレス解消をするためと答えるケースが大半です。愛されたい相手から、相手にされなかったり振られたりすると、その相手に対してネットで誹謗中傷を書くケースもあります。

私たちの脳は、主語が理解できないので、自分が書いた言葉全てを自分のこととして捉えます。他者に対して誹謗中傷を書くと、脳の中では、自分自身が誹謗中傷されたのと同じ状態になるのです。Ｔｗｉｔｔｅｒにつぶやいた言葉を最も目にしているのは自分自身です。他人に向けていると同時に、自分に向けていることになるのです。否定的な言葉は、自分が言っても、ほかの人が言うのを聞いても、脳に悪い影響しか与えません。「バカ」「死ね」などとつぶやくことは、ストレス発散をしているようですが、全て自分につぶやいている言葉と脳は認識してしまうので、余計ストレスが溜まってしまい、良い方向にはいきません。子どもたちには、日頃から、前向きな言葉を投稿するように心掛けさせることが大切です。「プラスの言葉」は考え方をプラスに変え、行動をプラスに変え、そして結果をプラスに変えていきます。

インターネットは個人の空間ではありません。実際の人間関係でも、思ったことを何でも口に出してしまうと必ず人間関係にひびが入ってしまうように、ネット上でも自分が思ったことはなんでも書いていいわけではありません。パスワードを設けていたとしても破られる可能性は充分にあります。ネットを利用する子どもたちには、自分が正しいと思ってした書き込みでも、批判されたり、悪口を言われたりすることもあるということ、ネットに書き込みをするのには強い意志が必要だということを教育していかなければなりません。

また、投稿している人がどんなにひどいことをしていたとしても、誹謗中傷はしてはいけないことです。自己防衛のために反論する場合でも、言われる側の人間が傷つく言葉は避けなければなりません。文字だけの世界ですので、思わぬことからトラブルになることが予想されます。自分の意志とはまったく違う解釈をされる場合もあるのです。

子どもにネットモラルを教えるには

ネットに起因する犯罪が繰り返し報道され、学校側もしっかりと指導しているはずですが、ネットでの出会いをきっかけに子どもたちが危険にさらされるケースが後を絶ちません。関東のある中学校の調査では、女子中学生の8割がネットで知り合った友達がいると回答し、その中の3割が実際にネットで知り合った人と会ったと回答していました。この結果からも、学校が子どもたちに向けて発信していることが、子どもたちにきちんと伝わっていないと言えるでしょう。

子どもたちのスマホ使用の実態は日々変化しており、大人が常に情報を掴み、理解するのは難しいと言えます。子どもに教える立場にある教師は、彼らが置かれている現状を理解するために、専門的に子どもたちのネット事情を学ぶことが必要不可欠です。

先生方は驚かれるかもしれませんが、最新のネット事情を学ぶには、子どもに教えてもらうのが一番有効な方法と言えます。情報モラルの専門家と呼ばれる方々の多くは、パソコンの専門家であり、子どもがはまっているスマホとは異なるものです。

また、教師自身もスマホを利用し、日々新しい情報に目を光らせる必要があります。子どもたちを取り巻くネット環境は毎年大きく変わっています。教師は、子どもに「教える」のではなく、子どもと「一緒に考えていく」スタンスでなければなりません。実態を理解した上で、教育の専門家として、子どもたちに指導していかなければなりません。例えば、フィルタリングについても、正しい認識を持っている教師や保護者が少ないのにも驚きます。ＬＩＮＥができなくなるという理由で、フィルタリングを外している子どもが多いですが、実は、２０１５年3月末に、フィルタリングをしてもＬＩＮＥができるように変わっているのです。子どもを納得させるには、まず大人が正しい知識を持たなければなりません。

スマホの普及により、どこにいても友達と連絡が取れ、スマホひとつで勉強もできる時代になりました。今までに得られなかった情報も瞬時に得ることができ、趣味が広がったり、活動の範囲が広がるなど、子どもたちへの良い影響もありますが、ネットを通して子どもたちが犯罪に巻き込まれたり、いじめの被害者にも加害者にもなりやすい環境になったということも忘れてはいけません。周囲の大人たちは、子どもを守るために、まず現状を知り、知識を身につけることが大切なのです。

教師や保護者が心得ておくべきこと

子どもたちは、スマホの普及により、ネット社会に「つながり」を求めるようになりました。子どもたちは、食事中でさえスマホを手放さないので、家族での会話は減っていると言われています。また、核家族化で一人っ子が多く、祖父母と同居している子どもは今では珍しくなっています。地域社会の関係性も希薄化しています。現代の子どもたちは、社会で「つながり」を築く機会が、かつてよりも圧倒的に少なくなっているので、人間関係での思いやりやマナー、モラルといったものが身につきにくくなるのは当然のことかもしれません。そのような背景の中で、思いやりやモラルの欠如から、ネットでトラブルを起こす子どもが増えているのです。

スマホの普及により、情報の収集や表現、発信などが容易にできるようになりましたが、情報化の影の部分が深刻な社会問題になっています。教育現場では、教師はネット社会に生きる子どもたちに、情報メディアの真偽を読み解いて、必要な情報を活用する能力を身につけさせなければなりません。

子どもたちは、学年が上がるにつれて、次第にネットを日常的に用いるようになります。学校で抱えている問題や学年ごとの子どもたちの実態に応じた教育を日常的に取り入れていくことが必要です。これらは、学校の教育活動全体で取り組むべきものですが、道徳の時間においても同様に、情報モラルに関する指導に配慮が必要でしょう。指導に際しては、眼の前の子どもたちの実態を念頭におき、情報モラルにかかわる題材を生かして話し合いを深めたり、コンピュータによる疑似体験を授業の一部に取り入れたり、子どもの生活体験の中の情報モラルにかかわる体験を想起させたりする工夫などが考えられます。

例えば、ＬＩＮＥでの会話と顔を合わせての会話との違いを理解し、ＬＩＮＥ等のＳＮＳのやりとりが相手に与える影響や、インターネット等に起因する心の擦れ違いなどを題材とした指導や、悪質投稿がいかに周りに迷惑をかけ、自分自身の人生を狂わすかという問題について、実際の事例をもとに子どもたちに調べさせたり、話し合わせたりすることも考えられます。

教師は子どもたちのお手本になるべき存在ですが、中には不祥事を起こす教師がいるのが現実です。学校の内外問わず、モラルを守った行動を心掛けなければなりません。歩きながら、車を運転しながら、スマホを操作するなどの行為は教師失格です。ネットで知り合った未成年と性行為をするなど、あり得ない行為で逮捕された教師もいます。

また、学生だった頃に作ったＦａｃｅｂｏｏｋやＴｗｉｔｔｅｒも、教え子や保護者が見ている可能性があります。悪ふざけ画像や、感情的になった書き込みをしていた場合、あっという間に信頼をなくします。職員会議の内容や、文化祭や修学旅行で生徒が映った画像を無断でSNSにアップするのも当然厳禁です。また、お酒の席でも教師であることの自覚が必要です。地域活性化のために忘年会を地元で行ったところ、酔っぱらって醜態をさらしている姿を地域住民に動画撮影され、YouTubeにアップされた教師がいます。学校名で検索すると、その醜態が1ページ目の1番目にヒットしてしまい、この影響で生徒募集が減少してしまったという学校もありました。まずは生徒に指導する立場の教師が、本気でネットモラルについて考えなくてはなりません。教師同士で勉強会を開くことも大切です。

また、家庭内では、小中学生から「お母さんが友達とLINEばかりしていて、話を聞いてくれない」「私には買ってくれないのに、お母さんはスマホのゲームでずっと遊んでいる」「お母さんは、Twitterばかりしてスマホをトイレの中にも持ち込んでいる」という話をよく耳にします。保護者が子どもの利用に無関心な場合はもちろん、保護者自身がはまっていても、やはり子どもはネット依存になりやすくなります。子どもは保護者の様子もよく見ています。

子どものお手本になるべき大人がこれでは、子どもに何を言っても効き目がありません。教師も保護者も日頃のスマホ利用を見つめ直す必要があります。

第2章

Chapter 2

危険！子どものスマホ・トラブル事例

第1節　SNSで深刻化する「ネットいじめ」

スマホを使うのは楽しい

「SNSを利用して同じ趣味の人と意気投合して盛り上がった」

「不登校の友達がいない内気な子が、ネットで初めて本音で話せる相手ができて学校に通うようになった」

「聴覚障害の子がネットの世界でたくさんの理解者ができて前向きになった」

という報告もありますが、ネットの中には純粋な子どもの心に付け込む犯罪者がいることも忘れてはいけません。

LINEの人気に便乗してネット上には、LINEとは無関連の業者が運営する「LINE友だち募集掲示板」が乱立しています。友達や彼氏、彼女が欲しい子どもたちは、掲示板に自分のLINEのIDを載せて気軽に出会いを求めてしまいます。LINE IDがわかれば知らない人とも簡単に連絡を取ることができてしまいます。会員に登録するには、地域、性別、年齢を指定するのですが、いくらでも詐称できてしまいます。犯罪者の多くは、そのような媒体を利用して子どもたちに近づいてきますが、まだ判断能力がない子どもたちは、プロフィールに記載された内容を信じ込んでしまうのです。

その他にも、ＦａｃｅｂｏｏｋやＴｗｉｔｔｅｒなどのＳＮＳやゲームサイトでも面識がない人と簡単にやりとりすることができてしまいます。近くにいる利用者が男女別に地図上のアイコンで示され、クリックすると写真やプロフィールが表示されるＧＰＳ機能を使った「友達募集アプリ」もあります。内気で寂しがり屋の人は現実社会で友達を作りたくてもなかなか友達を作ることができずに、ネット社会での出会いを求めてしまいます。そして、ネット社会で意気投合するとネットの中だけでは満足できずに実際に会いに行ってしまうのです。

スマホだけとは限らない

スマホ利用が低年齢化していると言われる昨今ですが、小学生へ自分専用のスマホを買い与えている保護者はまだ多くはありません。しかし、スマホを持っていなくとも自分専用のＬＩＮＥアカウントを持ち、友達とＬＩＮＥを通じてやりとりができる方法があります。小学生の中でも、実際にその方法で親に隠れてネットを利用している子どもも多いのです。

ＬＩＮＥを使いたいがスマホを買ってもらえない子どもたちは、中古のスマホを自分で買ったり、「ｉＰｏｄ ｔｏｕｃｈ」やウォークマンのような音楽プレーヤーを親にねだり、購入させます。あまり知られていないのですが、実は、中古のスマホや音楽プレーヤーでも無線ＬＡＮを使えばＬＩＮＥが利用できてしまうのです。しかし、このことを理解している親はあまりいません。「うちの子にはスマホを持たせてないから大丈夫」と考えるのは危険です。実際に、私たちのところには、「誕生日プレゼントであげたｉＰｏｄ ｔｏｕｃｈでＬＩＮＥを使っているようだ」という小学生の保護者からの相談が後を絶ちません。中には、親に隠れてＬＩＮＥを始め、ＬＩＮＥ掲示板で知り合った人と仲良くなり、裸の自撮り画像を要求されるなどのトラブルに巻き込まれたり、無理やり服を脱がされて撮られた画像や動画をＬＩＮＥのグループに一斉送信されて、笑いものにされたといった被害相談まで目立つようになりました。

ふみコミュニケーションズが運営する女子中高生向けポータルサイト「フミコミュ！」のユーザーを対象に実施した「女子中高生のＳＮＳやネット上のいじめについての意識調査」(http://www.fumi23.com/fc/research/press/ns_201506.php) によると、女子中高生の約９割が、今後ＬＩＮＥやＴｗｉｔｔｅｒなどのＳＮＳやネットをきっかけにいじめが増えると考えていることが明らかになりました。「ＳＮＳやネット上で、いじめにあったことがあるか」という質問には、16・３％が「ある」と回答しました。いじめの内容は「悪口や陰口を言われた」(65・２％)がもっとも多く、次いで「ＬＩＮＥグループなどで仲間外れにされた」(21・２％)、「自分の画像を悪用された」(13・６％)と続きました。「いじめられていることを誰かに相談したか」の質問では、もっとも多かったのは「誰にも相談できなかった」で28・８％。「友だちに相談した」が25・８％。「親」との回答は15・２％、「先生」に相談したのは12％、「掲示板などのネット」「いじめ相談窓口」を利用した人はそれぞれ９・１％。女子中高生は、いじめにあっても周りの大人に相談するのは難しいという実態が明らかになりました。

LINEを始めるときの留意点

一度、契約した電話番号を変える人は少なく、最近は、格安SIMの登場で個人でも2台持ちや、複数のSIMを使い分ける通信スタイルも増えていて、電話番号が不足している状態に陥っています。その中で、電話番号を解約する人には、ストーカー被害に遭ったり、借金問題があったり、トラブルに巻き込まれている人が多く、そのため、子どもたちが新しく手にするスマホの電話番号は「ワケあり」の可能性もあるのです。

LINEは電話番号でつながっていくものなので、ワケあり番号とつながってしまう可能性があります。そのため、LINEを始める上で次のことに注意してください。まず、最初の登録画面に、「友だち自動追加」「友だちへの追加を許可」と出てきます。ここで、オンのまま登録してしまうと、以前その電話番号を使っていた人の知り合いとつながってしまう危険性があります。例えば、以前その電話番号を使っていた人がストーカー被害に遭っていた場合、電話番号を新たに契約した子どもがストーカーとつながってしまうということです。

また、本人の携帯のアドレス帳に100人友達が登録されていて、相手側も100人友達が登録されていれば、単純計算で1万人とつながってしまいます。子どもが運動部に入ったりすると、練習試合で知り合った初対面の子と気軽にID交換をする子も多いと思いますが、面識がない人とつながることは大変危険なことです。LINEは友達同士の連絡の手段として便利に使う上では問題ありませんが、今の子どもたちは、初対面の相手がどんな人かもわからないのに簡単にＬＩＮＥでつながってしまい、それにより、子どもがＬＩＮＥ絡みの事件に巻き込まれるケースが多発しているのです。

ＬＩＮＥいじめ

クラスや部活などのグループでメッセージをやりとりする中で、一人だけ仲間外れにされるなどの「ＬＩＮＥいじめ」が子どもたちの間で広がっています。「自分だけ外されている」「強制退会させられた」などの相談が私たちのもとにも多数寄せられています。ＬＩＮＥでは、グループのメンバーを勝手に退会させることができますが、２０１２年に運営会社によって誰が退会させたかわかるよう対策が講じられた後は、仲間外れにしたい一人だけを除いた裏グループが作られるケースが増えています。ＬＩＮＥいじめが起きてしまう要因としては次の４つが考えられます。

①　「既読」「未読」機能

メッセージを読んだら「既読」の表示が出ますが、すぐに返信をしなかっただけで友達との関係性が悪くなりグループから外された、という相談は多いです。「未読」が続けば「スマホはいつも持っているのにおかしい」「裏技を使って未読にするのは卑怯だ」とグループから外れたという相談もあります。

②　文字の誤解

未成年のコミュニケーション能力は、まだ未熟です。顔が見えないままやりとりをすれば、誤解や行き違いが起こることもあります。また、メッセージ自体が短文のために真意が相手に伝わらず、トラブルを起こすこともあります。

③ 閉ざされた空間

閉ざされた空間のため、正論が全て通るとは限りません。腹が立つと思ったら正論を言った相手をみんなで潰してしまうこともあります。また、気にくわない子を外したＬＩＮＥの裏グループをつくり、みんなでその子の悪口を言うなどしてＬＩＮＥ以外の実際の人間関係でも孤立させることもあります。

④ 空気を読んでいないスタンプ

空気を読んでいない発言やスタンプなどがいじめや仲間外れのきっかけになることもあります。例えば、落ち込

LESSON 文字の誤解から始まるLINEいじめ

1 意味の捉え違い

・グループで「映画に行こうよ」という誘いに、相手が「何でくるの?」と返信すると、交通手段を確認するためのメッセージにもかかわらず、「あんたは来るな」という意味に勘違いされた。
・冗談で「バカだね」と突っ込むつもりが、相手は本気でバカにされたと勘違いして喧嘩になった。

2 記号の漏れ

・服のセンスを誉めようと思い、「服のセンス良くない?」と送信したつもりが、「?」が抜けて言い争いになった。
・冗談で言ったつもりが、文末に「(笑)」が抜けて、険悪な感じになってしまった。

3 変換ミス

・「それは関係ないしね」と書いたものが誤変換されて、「それは関係ない死ね」と送ってしまい友達と喧嘩になった。

んでいる友達を元気づけるために、面白いスタンプを貼ったのに、茶化されたと思われ、喧嘩になったというケースもあるのです。

LINEいじめを防ぐために

今のいじめの風潮は、一対一ではなく集団対一人で起こります。一対一でやりとりするメールと違って、残念ながらLINEはいじめにぴったりのツールであると言えます。LINEでは常につながっているため、帰宅しても、不登校になっても学校での気詰まりが続いてしまいます。夏休みや冬休みを境に学校での人間関係が変わっていることもあります。

LINEの利用を禁止としている学校や時間制限をしている学校もありますが、子どもたちは隠れて使うため、禁止しているとトラブルが起きたときに先生に相談しにくくなってしまいます。安易な禁止で、問題解決を図ることはできません。

LINEをきっかけにしたトラブルに巻き込まれないよう、まずはしっかりと基本設定をしてください。メンバーが多ければ、その分トラブルも増えます。アドレス帳に登録している人を自動的に「友だち」に追加したり、自分のIDがほかのユーザーから検索されたりする設定をオフにして、本当に仲のいい子だけで利用させることが望ましいです。詳しい設定方法は、「LINEを安全に使うために」62頁をご覧ください。「ご飯のときはしない」「勉強の邪魔をしない」など、友達同士で話し合ってルールを決めるのもよいでしょう。

LINEいじめから子どもを守るために

子どもをLINEいじめやLINEトラブルから守るためには、大人も正しい知識を持たなければなりません。LINEはメールに比べて、依存性が高く、子どもたちの人間関係は、LINEがある

COLUMN

音楽プレーヤーで始まったLINEいじめ

LINEを頻繁に使うようになった中学1年生の少女がLINEいじめにあい、追い詰められた末に、この世を去ったケースがありました。スマホを持っていなかった少女は、当初家族の知らないところで音楽プレーヤーを無線LANで繋ぎ、LINEを使っていました。それ以降、家族の前で見せる少女の様子は変わっていったのです。

友達同士であれば誰でもコメントを共有できるLINEのタイムライン。その中に「KYでうざい」「消えて」などと書かれていました。クラスでも孤立していった少女は、学校から帰ってきても追い詰められていきました。少女のタイムラインには、「どーしよ、もー疲れた」とあり、この翌日少女はこの世を去ったのです。さらに亡くなった後も、LINE上では「お通夜NOW」と不謹慎な言葉が平然と綴られていたのでした。

LINEで他人を傷つけることを言ったり、無視したり、裏グループを作って悪口を言ったりする子もいますが、取り返しがつかないことになる前にしっかりと子どもたちに教育していかなければなりません。人を自殺に追い込んだら、いじめではなく殺人であるということを……。

以上、自宅に帰ってからも続きます。ＬＩＮＥで一日中つながっていれば、友達の欠点が目につくこともあります。そして、ちょっとした発言や行動から、いじめに発展することもあるのです。特に女子児童・女子生徒は、学校での昼食のときも、トイレに行くときも集団行動を好みます。ＬＩＮＥも同じで、みんながやっているのに、やらないわけにはいきません。人間には自分だけの時間も必要なものですが、ＬＩＮＥはその時間を奪い、ストレスになる場合があるのです。ＬＩＮＥに時間を割かれ、親子の絆をつくりづらくなるのも問題です。食事の時間や勉強をするときはＬＩＮＥをやらないなど、家族でルールを決め、親子の会話を大切にして明るい家庭環境をつくることが大事です。

ＬＩＮＥに夢中になる子ども

最近では、ＬＩＮＥをやりながらご飯を食べている子どもが多いようです。相手の立場になって物事を考えることができる子どもは食事のときにスマホは食卓に持ち込みません。このような状況を容認したり、放置して育ててしまうと、子どもは人の誹謗中傷を書いたり、犯罪に巻き込まれる傾向が強くなってしまいます。

「片付けられないから早く食べて」

「うるさいな！　今、ＬＩＮＥやっているんだから、静かにしてよ。」

これでは、完全に家庭環境もおかしくなってしまいます。勉強のときもずっとＬＩＮＥをやっている子もいます。当然、ＬＩＮＥをやりながらだから、勉強内容は頭に入ってきません。お互いに成績を落とし合っているのです。

ただ、子どもたちは必ずしも好きでやりとりを続けているというわけではありません。子どもたちの相談で多いのは「ＬＩＮＥってどこでやめればいいのですか？」です。「友達とのＬＩＮＥのやめ方がわからない」というのは、子どもたちからの真面目な相談なのです。

ＬＩＮＥは、1対1よりも、グループでやっていることが多く、最高２００人まで同時にメッセージ交換ができます。また、ＬＩＮＥは書き込んだらすぐに相手に表示されます。その上、読んだら「読みましたよ」という意味の「既読」という表示が出るため、子どもは慌てるのです。既読が付いたら、子どもはすぐに返信して当たり前だとお互いに思っていて、もし、既読が表示されているのに相手の書き込みがなければ、無視をしているということになるのです。ですから「既読無視か……」と恨まれて学校でも無視されてしまうのです。しかも、ＬＩＮＥの文章の多くは単文ですから、自分が書き込んだら、すぐに相手からの書き込みがあるのです。これでは、落ち着いてご飯を食べている暇もありません。

向かい合って話している場合は、顔の表情や声のトーンなど、いろんなものからその意味を受け止めています。しかし、文字だけでは人によって意味の捉え方に違いが生まれます。冗談が冗談と通じなかったことが原因で、いじめにあっている人もいます。

最近、学校の保健室では毎日同じ子がベッドを占領しているという現象が起こっています。毎日保健室に行くのは、朝方までＬＩＮＥをやっていて具合が悪くなるからです。昼間、保健室で寝ているので、夜になっても眠たくなくて朝方までＬＩＮＥをやる。まるで、一日の睡眠を保健室でとっているようなものです。この子たちも、ＬＩＮＥをやめることができないと言います。

子どもがこのような状態になってしまうのは、親の責任です。親として言うべきことをきちんと伝えないといけません。

「優子は、琴美ちゃんや智ちゃんのことを本当の友達だと思っている？　本当の友達だったら、お互いに成績を落とし合ったり、寝不足になったりするようなことはしないと思うのよ。優子がやっていることは、お互いに足を引っ張り合っているだけにしか見えない。本当の友達だったら、きちんと話したらわかると思うよ。優子も、『自分の時間ないなぁ』なんて思ったことあるでしょ？　たぶん友達も同じようなことを思っているよ。お母さんも毎日一生懸命、優子のためにご飯をつくるから、ご飯や勉強のときはＬＩＮＥやめようよ。ＬＩＮＥをやる時間を友達と話し合って決めたらどうかな？　優子だったら、友達に言えるでしょ？」

このように、きちんと子どもが納得がいくように真剣に子どもと向き合って話をしなければいけません。子どもに話を聞くと、ＬＩＮＥに「息苦しさを感じている」と答える子どもが多いのです。しかも、家にいる時間の大半をＬＩＮＥに費やしている子は、翌日学校へ行っても、会話があまり盛り上がらないのだそうです。テレビ番組や音楽番組を見ながら、ＬＩＮＥでやりとりしてしまっているから、翌日、学校での話題がないと言うのです。

授業中にＬＩＮＥをやっている子も多いようです。先生の方から見ると、机の上に出して操作をしていたとしても、メモを取っているようにしか見えません。授業中でも先生に隠れてＬＩＮＥをやっているような子はスマホ依存の傾向があります。彼らは充電が切れることのないように、学校に充電器を持ち込んで、休み時間に学校で電気泥棒をするのです。

特定の子とＬＩＮＥでやりとりをしてトラブルに巻き込まれる教師

リストカットを繰り返す生徒が心配になり、ＬＩＮＥの個人ＩＤを教え、毎日ＬＩＮＥでやりとりをしていた教師がいました。生徒はＬＩＮＥで「死にたい」という言葉をもらし、リストカットの画像を教師に送ってきました。学校では、その教師がほかの生徒と仲良くしていると不安定になり、わざと階段から落ちて怪我をしたり、その教師からカッターを借りて、トイレの個室で手首を切り自殺未遂をしました。その後、その生徒の行動はどんどんエスカレートして、ネット上で、その教師から強姦されたとデマを流したり、教育委員会にもその教師を陥れる電話を入れたりする行動をとるようになりました。よかれと思って取った行動により、その教師は自分の首を絞めることになってしまったのです。教師は教え子と友達ではありません。特定の子どもとＬＩＮＥでやりとりすることは絶対にしてはいけないのです。

第2節　見知らぬ人とつながる子どもたち

リベンジポルノ被害続出

ＳＮＳで知り合った相手に送った裸の画像や動画がネットに流されているという中高生からの相談が多く寄せられています。２０１３年10月に起きた、東京・三鷹市の女子高生ストーカー殺人事件では、容疑者によって被害者のポルノ画像が出回ったことを受けて、日本でも「リベンジポルノ」という言葉が広まりました。スマホでの撮影が主流になり、カメラで撮影しフィルムを現像に出すのと違い、人には見せられないような写真も気軽に撮影する人が増えています。

アメリカでは、２０００年代後半から、少女たちの間で自分の裸や下着姿の画像をメールに添付して、恋人に「プレゼント」することがはやり出しました。日本でも、恋人やネットで知り合った相手にＬＩＮＥやメールで自分の裸の画像や下着姿を送るなどの行為が広まってきています。無許可で撮影した他人の写真を投稿することはプライバシー侵害として禁止する法律は各国で存在します。しかし、同意の上で撮影された写真の場合は違法とされていませんでした。２０１５年11月に「私事性的画像記録の提供等による被害の防止に関する法律」（いわゆる「リベンジポルノ防止法」）※が施行されてからは、同法違反による有罪判決が相次いでいます。

しかし、今でもインターネット上には、無断投稿と思われる日本人の卑猥な画像がいくらでも見つかります。これらの行為は、同法違反だけではなく、「名誉毀損」や「プライバシー侵害」にあたる立派な犯罪です。公開すると言って相手を脅せば「脅迫罪」にもなります。18歳未満の被写体の場合は、「児童ポルノ禁止法違反」になり、厳しい刑罰を受ける可能性があります。対象が18歳以上であっても、「わいせつ物頒布罪」となる可能性があります。

遠距離恋愛であまり会えない相手に頼まれ、裸の画像を送ってしまう子もいます。なぜ送ってしまったのかを聞いたところ、「彼を信じていた」「特別な存在だったから」「浮気されたくなかったから」といった答えが返ってきました。また、見ず知らずの人とネット上で友達になり、頼まれて裸の画像を送ってしまった女の子もいますが、なぜ見ず知らずの人に裸の画像を送ってしまったのかを聞いてみると、「むしろ、見ず知らずの人だから平気だと思い、羽目をはずしてしまった」との答えが返ってきました。

恋人やネット上で知り合った人に裸の画像などを送ってしまうと、それが消せない傷として一生残る可能性もあるのです。一度投稿された画像は海外のサイトに載せられることもあり、全て削除するのは極めて難しいと言えるでしょう。また、ＬＩＮＥやメールで出回った画像を全て削除するのは実質的に無理だと言えます。裸の画像や他人に見られたくない画像は相手が誰であっても絶対に記録に残すべきではありません。一度撮影された画像は、いつネット流出するかわからないのです。

※リベンジポルノ防止法

【名称】

私事性的画像記録の提供等による被害の防止に関する法律

【定義】

●「私事性的画像記録」（電子情報）、「私事性的画像記録物」（有体物）

① 性交又は性交類似行為に係る人の姿態

② 他人が人の性器等を触る行為又は人が他人の性器等を触る行為に係る人の姿態であって性欲を興奮させ又は刺激するもの

③ 衣服の全部又は一部を着けない人の姿態であって、殊更に人の性的な部位が露出され又は強調されているものであり、かつ、性欲を興奮させ又は刺激するもの

（※本人が第三者に見られることを認識した上で撮影を許可した画像を除く）

【罰則】

(1) 公表罪＝第三者が撮影対象者を特定することができる方法で、私事性的画像記録（物）を不特定多数若しくは多数の者に提供し、又は公然と陳列した者《3年以下の懲役又は50万円以下の罰金》

(2) 公表目的提供罪＝(1)の行為をさせる目的で、電気通信回線を通じて、私事性的画像記録（物）を提供した者　《1年以下の懲役又は30万円以下の罰金》

【プロバイダ責任制限法の特例（画像の削除）】

現状、プロバイダ等が権利侵害を判断できない場合、7日経過しても不同意の申し出がない場合、

削除されることになっているが、これを2日に短縮する特例を設ける。また、被害者死亡の場合は、遺族の申し出が可能。

【支援体制等の充実】

●支援体制の整備等

① 被害者が告訴などを行いやすくするために必要な体制の充実

② 削除の申し出先、申し出方法等についての周知を図るための広報活動等の充実

③ 一元的に被害者の相談に応じ、適切に対応するために必要な体制の整備

●被害の発生を未然に防止するための教育及び啓発

「リベンジポルノ防止法」で今までと何が変わったのか？

今までは、画像を撮られた段階で合意していれば、それがどのように使われたとしても自己責任だとする考えが強く、削除に応じてもらえないこともありましたが、リベンジポルノ防止法の施行により、サイトに載せる上で本人の合意がないものは違法となり、対応がスムーズになりました。ネットに拡散させた人も処罰の対象となります。

プロバイダ責任制限法の特例による削除期間の短縮も、拡散を食い止める上でかなり有効となります。また、本人が亡くなっている場合は、遺族が削除依頼を要請できることになっています。

しかし、下着姿や後ろ姿の裸の画像、ベッドに（彼氏と）一緒に横たわっている画像などは、規制の対象とはならないことがあります。また、海外のサイトに載せられた場合の対応についても難しいと思われます。

リベンジポルノから身を守るために

どうやったら恋人関係を崩さず、プライバシーにかかわる撮影を拒否できるでしょうか。とにかく、「私は画像を残すことに抵抗がある。私のことが好きなら私が嫌がることをしないで」と断りましょう。相手が本当にあなたのことが好きなら、それで納得するはずです。それでもプライバシーにかかわる画像を欲しがるなら、あなたのことが好きなのではなく、画像が目的と思ってよいでしょう。

勝手な撮影を見破るには、まずは普段から周囲を確認する癖をつけることです。不安な場合は、スマホで周りを動画撮影してみましょう。隠し撮りをされている場合は、カメラの赤外線が反応して赤い光が映ります。

リベンジポルノ被害を避けるために保護者が留意すべきこと

リベンジポルノ被害を避けるために、当事者となる未成年として気をつけたいことと保護者の構えについて、以下に簡単にまとめます。

●未成年が留意すべきこと

① 親しい間柄でもプライバシーにかかわる画像を撮影しない。

② ネット上で知り合った人に安易に画像を送らない。

③ 脅しの材料に使われやすい名前や顔、学校名など本人特定につながる情報をネットに公開しない。

④ SNSなどネット上で知り合った人と直接会うことはしない。

⑤ 警察に届け出る際に証拠となるため、脅されたときのメールや留守番電話などは保存しておく。

●保護者が留意すべきこと

① 保護者自身もネットに習熟し、一度流出すれば完全な削除が不可能であることなどネット特有の危険性を子どもに教える。

② 子どもにゲーム機や携帯音楽プレーヤーを買い与える場合、撮影機能、画像送信機能がないものを選ぶ。

③ 画像が流出した場合は、警察や弁護士、民間機関などに相談し、サイト管理者に削除依頼をする。

リベンジポルノ相談が増えた理由

2013年9月までリベンジポルノに関する相談というのはほとんどありませんでした。一か月に1、2件でした。ところが、2013年10月、前述の女子高校生ストーカー殺害事件が起こり、メディアで「リベンジポルノ」という言葉が出始めてから、子どもたちが不安になって、まさか自分の画像が出回っていないだろうなと、画像や名前を検索する子どもたちが増え始めました。それ以降、平均すると毎月30件弱の相談が来ています。単純に、10倍以上の相談が来ているという計算になります。

全国ｗｅｂカウンセリング協議会に寄せられるリベンジポルノ相談は、９割が未成年です。「警察に相談できない」「親に内緒にしている」「学校に内緒にしている」との理由から、私たちのもとへ相談してくるようです。「学校にばれると退学処分になるかもしれないし、親にはまさか自分の子どもがこんなことをしているなんて思われたくないから親にも知られずに何とかしたい」「警察に言ってしまうと、それが公になってしまうのはまずい」と未成年の子どもたちは口をそろえて言います。

全国webカウンセリング協議会へ寄せられたリベンジポルノに関する相談件数

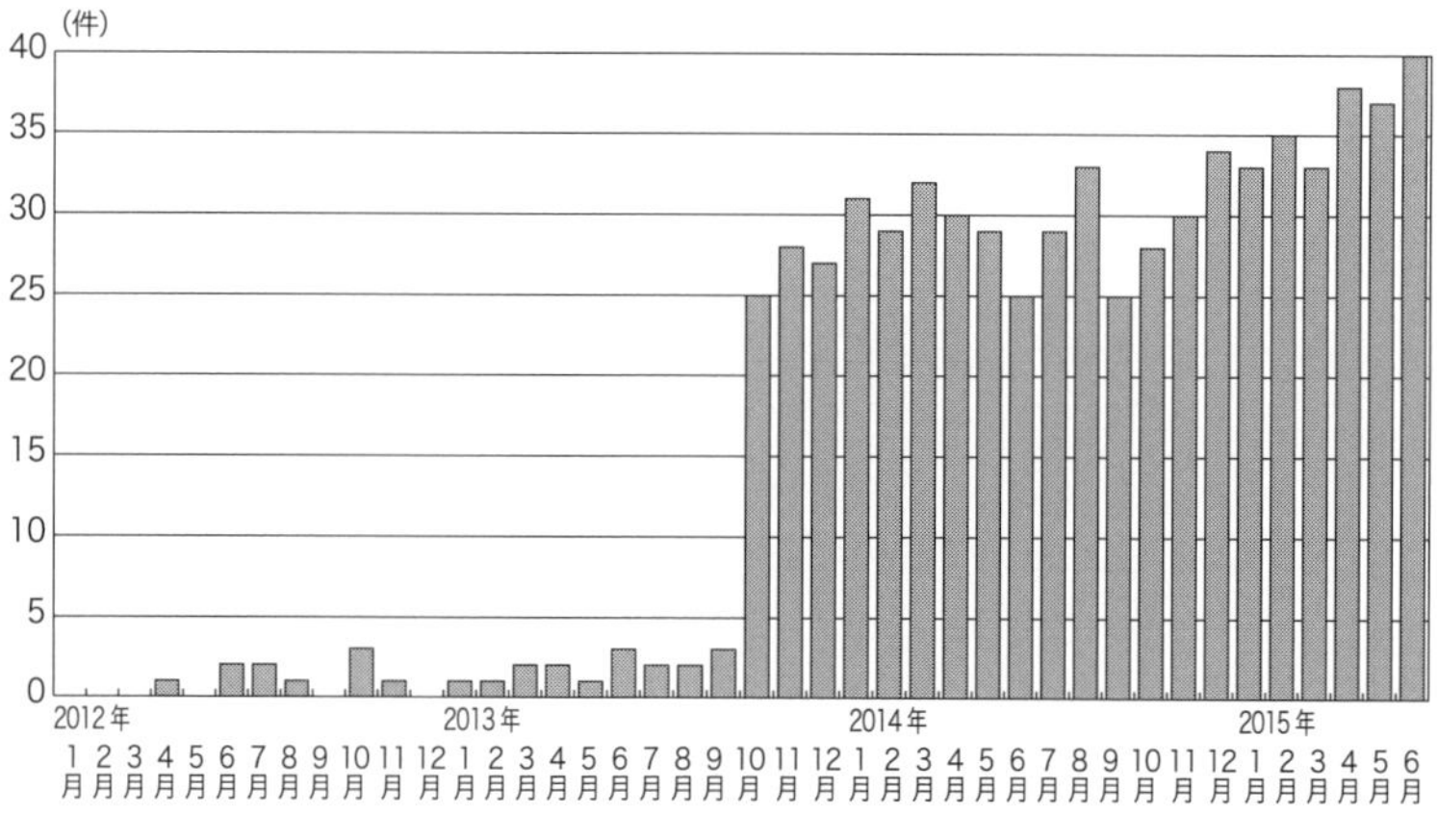

なぜ名前検索、画像検索でリベンジポルノの画像がヒットするのか？

素人の動画投稿サイト、画像投稿サイトに投稿された場合、そこには名前も何も載っていません。載っているのは裸の画像のみです。ところが、ほかのサイトにリンクを貼られて、その子の個人情報が書かれてしまうと、それがまとめサイトに載ってしまい、その子の顔画像と個人情報が合わさってしまうのです。そうすると、その子の画像検索や名前検索をかけると、その画像が出てきてしまうのです。

SNSで子どもが被害に遭わないために

SNSの主なものに、Facebook、Twitter、ミクシィ、モバゲー、グリー、アメーバなどがあり、自分のプロフィールを公開してコミュニケーションやゲームを楽しむことができます。SNSは多くの人が利用しているため、間違った使い方をすると取り返しがつかないことになります。SNSで悪口を書かれた子どもが自殺に追い込まれたり、名前や画像、LINE IDやメールアドレスが出会い系サイトに無断で載せられるなどの嫌がらせも発生しています。SNSで知り合った人から性的被害を受けたり、脅しをかけられるケースもあります。高額請求の罠に引っ掛かってしまう子もいます。SNSの危険から子どもを守るために、サイトの安全な使い方とネット上での行動について、親子でしっかり話し合い、次のようなルールを決めましょう。

スマホルール32カ条

1条　個人情報や本人だと特定できる写真をネットにアップしない
2条　友人や知人から聞かれてもパスワードは教えてはいけない
3条　ネットで知り合った人のプロフィールを鵜呑みにしてはいけない
4条　ネットで知り合った人と会ってはいけない
5条　知らない人からのメールに返信してはいけない
6条　他人の誹謗中傷や誤解を招くことは絶対に書き込まない
7条　他人を差別、攻撃、批判する書き込みはしない
8条　モラルに問題がある書き込みはしない
9条　違法な書き込みはしない
10条　人のプライバシーにかかわることは書き込まない
11条　内部情報に関わることは書かない
12条　写真を載せるときはGPS機能をオフにして撮影すること
13条　悪ふざけ画像を載せない
14条　犯罪に関わる画像や、違法な画像を載せない
15条　了承なく他人の画像を載せない
16条　キス画像などモラルに問題がある画像を載せない
17条　人の文章を勝手に載せない
18条　アニメやキャラクター、芸能人の写真を載せない

親子で決めておきたい

19条 人の書いた曲や詞を載せない
20条 お金がかかる場合は事前に親に相談する
21条 成人になるまではフィルタリングを外さない
22条 毎月の明細書をチェックして、必ず毎月、利用法について話し合う（定額制に加入している場合は、実際の利用料金やパケット通信料を確認する）
23条 有料コンテンツを購入する場合は必ず親の同意を得る
24条 スマホ利用は居間でのみ（食事中、入浴中、勉強中の利用禁止、トイレへの持ち込み禁止、自室への持ち込み禁止）
25条 持ち込みを禁止されている学校の場合は、スマホを学校に持ち込まない（自宅に子どものスマホがあるか確認をする）
26条 「スマホ利用は夜10時まで」などの時間制限を設ける
27条 普段から家族のコミュニケーションを大切にする
28条 家庭内で決めたルールは、目立つところに貼り出す
29条 マナーを守る（自転車に乗りながら、歩きながらのスマホ利用は禁止。使用を禁止されている場所では必ず電源を切り、他人に迷惑をかけない）
30条 チェーンメールは絶対に友達に転送しない
31条 危険なサイトは絶対に見ない
32条 脅迫メールや嫌がらせメール、架空請求を受け取った場合は必ず親に相談する

特に、被害から子どもを守るために「フィルタリングをかける」「セキュリティ対策を万全にする」「迷惑メールの受信拒否設定を行う」「時間制限を設定する」「スマホの操作は居間で行わせる」「子どもが被害に遭っていないか、子どもの名前や画像検索は定期的に行う」等の対策は徹底してください。

第3節 身も心も滅ぼす危険な「小遣い稼ぎ」

写真共有アプリで小遣い稼ぎ!?

「写真袋」や「写真カプセル」といった無料の写真共有アプリができてから、一度にたくさんの画像や動画を共有できるということで、中高生を中心に人気が出ました。どちらも合言葉を決めて画像や動画をアップし、合言葉を知っている人だけがそれをダウンロードできるという仕組みです。今までは容量が大きすぎて、メールで送れなかった写真や動画を簡単に共有できるようになりましたが、このアプリの特性を悪用して危険な「小遣い稼ぎ」を始める未成年が増え始めました。

ただの写真共有アプリで、どのように「小遣い稼ぎ」をすることができるのでしょうか。このアプリの仕組みを詳しく確認してみましょう。まず、利用者はＩＤを登録し、秘密のパスワードを設定して写真や動画を投稿します。ダウンロードしたい人はそのパスワードを入力することで、写真や動画をダウンロードできます。投稿してから14日間はサーバーに保存され、投稿者が設定した無料時間内（最大１２０時間）は、秘密のパスワードを入力するだけで、誰でも閲覧、ダウンロードができます。しかし、それ以降は有料の「カギ」が必要になります。このカギはアプリ内で１００円で販売されており、カギを購入すれば、再び閲覧、ダウンロードが可能になります。購入金額の15％が投稿者のポイントとなり、ギフト券に交換することができる仕組みになっています。未成年たちは、このポイントを目当てに自分の裸の画像や動画を売っているのです。

ネットで出会いを求める子ども

ベネッセ教育総合研究所では、2014年2月～3月に、全国28の中学校・高校の中学1年生～高校2年生（9468人）を対象に、「ICTメディアの利用実態と意識」に関する調査を実施しました。インターネットで知り合った人がいる人はネット利用者の約4分の1、そのうち、直接会った経験のある人の割合は、中学生23・6％、高校生34・7％との結果が出ました。中学生の約4分の1、高校生の約3分の1の生徒がネットで知り合った人と実際に会っている計算になります。知り合ったきっかけは、中学生ではLINEなどのグループ、高校生ではTwitterが多いという結果が出ました。子どもたちは、性別も年齢もごまかせるネットの世界で知り合い、一度も会ったことがない相手を簡単に信じて会いに行ってしまうという現状が浮き彫りになりました。

ネット上では他人の画像を使っているということも少なくありません。14歳のイケメンの同級生が来ると思い込んでいたら、40代後半の小太りのおじさんが現れ、「息子が急に具合が悪くなり、代わりに迎えに来た。息子の所まで送っていく」と言葉巧みに少女を誘い、車で少女が強姦されたケースがありました。高校2年の女子生徒が、ネットで知り合った相手に大量の覚せい剤を打たれ、死亡するなどの事件もありました。ネットで知り合った相手に会いに行くことは大変危険な行為で、取り返しがつかないことになることもあるのです。

10代にとって〝ネット〟と〝リアル〟の境界線は急速に曖昧になっています。自分には関係がないと思っている子どもが、一番犯罪に巻き込まれやすいと言えます。命は一つです。親や教師がしっかりと子どもたちにブレーキのかけ方を教え、ネットで知り合った人に簡単に会いに行くことを食い止めなければなりません。もし、自分の子どもや教え子が犯罪に巻き込まれたり、命を落とすことがあれば、親や教師は一生後悔することになるのです。

COLUMN

LINE掲示板の罠

ＬＩＮＥ ＩＤを交換できる掲示板を通じて、共通のバンドのファンの人と友達になったという子がいました。相手は「16歳女子」と言っていたようで、同性で年齢が近いこともあり、二人はすっかり仲良くなりました。連絡を取り始めてからしばらく経った頃、相手から「友情の証しに裸の写真を交換しよう」と連絡が入りました。その子は渋っていると、相手から先に画像が送られてきたため、抵抗はありましたが、送らないと友達を裏切ることになってしまうので、自分の裸の写真も送ってしまいました。その後、相手は男であることを明かし、会わないかと言ってきました。その子が断ると、裸の画像をネットにアップすると脅してきました。それでも、男性からの連絡を無視して連絡を絶つと、裸の画像は個人情報とともに、ネット上に掲載されてしまいました（その後、私たちが対応し、彼女に関する情報は全て削除されました）。

第4節　スマホ依存による生活習慣への影響

視力と集中力の低下

スマホの画面から出るブルーライトは、紫外線の次にエネルギーが強く、目が疲れたり、乾燥したり、眼球を痛めてしまいます。ピントを調節する筋肉が固まって、視力低下にもつながります。

また、ブルーライトを長時間見ることによって、メラトニン（睡眠に作用するホルモン）の生成が抑制され、睡眠を妨げます。睡眠時間が不足すると、ストレスが溜まりやすくなり、チック症状や抑うつ状態になることもあります。また、睡眠障害になるとセロトニンという脳内物質が減少し、集中力が低下して、イライラしやすくなります。

２０１４年の文部科学省の調査では、小中学校の不登校が12万人となり、6年ぶりに増えました。不登校のきっかけを調査したところ、複数回答で34％が「生活のリズムの乱れ（睡眠障害）」をあげていました。スマホは、子どもの睡眠や脳の休息にとって良いはずがありません。睡眠は脳の疲労を回復させるのに必要です。十分に睡眠がとれない子どもは、前頭葉や海馬の発達に影響が出ると言われています。前頭葉は脳の司令塔と言われ、社会性や理性を司っているため、この働きが悪くなると反社会的な性格傾向になることがあります。海馬は長期記憶（神経回路）をつくるための役割を果たす器官なので、当然、記憶力低下につながります。

Pew Internet ProjectがCollege Board and the National Writing Projectと共同で行った調査によれば、教師２４６２人のうちおよそ90％が、デジタルテクノロジーは「集中力の持続時間が短く、注意散漫になりやすい世代」を創り出していると回答しています。また、Common Sense Mediaが行った調査では、教師６９５人のうち71％が「テクノロジーが生徒達の集中力持続時間に及ぼす悪影響」は「ある程度」または「多く」見られると回答しています。さらに、60％は「生徒達の文章力及び顔を合わせてのコミュニケーション能力が落ちる原因となっている」とし、ほぼ半数の教師は、「クリティカルシンキング及び宿題を終わらせる力」にも悪影響していると答えています（『The New York Times』記事）。

社会的スキルの低下

アメリカ・カリフォルニア大学ロサンゼルス校の心理学教授であるパトリシア・グリーンフィールド博士は「他者の感情を理解する能力の低下」は、スマホやコンピュータの使いすぎによる代償のひとつだと述べています。しかし、数日間、電子機器の使用を止め、他者とリアルなコミュニケーションを取るようにすれば、社会的スキルが向上するという研究結果も発表されています。

体力低下や生活習慣の乱れ

スマホやゲームにはまっていると、外で遊んだり運動する機会も少なくなり、骨や筋肉の発達にも影響が出てきます。また、体力不足になり、何をやってもすぐに疲れてしまいます。

また、スマホが使えないと禁断症状が出たり、イライラしやすくなる人が増えています。依存症になってしまうと、勉強中にも不安に駆られて勉強に集中できなくなり、お風呂やトイレに持ち込んでまで使用するようになってしまいます。食事中もスマホ片手にご飯を食べるようになり、家族との会話も次第に無くなっていきます。また、自転車に乗りながら使用したり、歩きながら使用することにより事故を起こすケースも増えています。

次の「スマホ依存度チェック」で、子どもの依存度の程度を把握しておきましょう。15項目以上に該当する場合は、特に注意が必要です。

スマホ依存度チェック
〜下記の項目にいくつ当てはまりますか？〜

	チェック項目	✓
1	利き手と逆の手でいつもスマホを使う	
2	カバンにはいつも充電器をいれている	
3	圏外になると不安になる	
4	最近すぐ電池切れになる	
5	フィルタリングを設定していない	
6	家にスマホを忘れたら必ず取りに帰る	
7	ネットで知り合った友人が5人以上いる	
8	キー操作ロックを設定している	
9	スマホを握ったまま寝ていることがある	
10	食事中もスマホを手放さない	
11	歩きながら、自転車に乗りながらスマホを操作する	
12	50以上のLINEのグループがある	
13	毎日3時間以上はスマホを使う	
14	自分の部屋でスマホを利用する	
15	ネットにつなぎすぎて速度制限がかかっている	
16	バイブが振動していないのに、メッセージが来たと勘違いすることがある	
17	授業中でも隠れてスマホを使用する	
18	お風呂やトイレにもスマホを持ち込む	
19	50以上のアプリをインストールしている	
20	SNSを毎日必ずチェックする	

●日々のスマホ利用を見つめ直そう！

チェック項目	依存度	チェック項目	依存度	チェック項目	依存度
0項目	0%	1～2項目	10%	3～4項目	20%
5～6項目	30%	7～8項目	40%	9～10項目	50%
11～12項目	60%	13～14項目	70%		

●危　険

15～16項目	80%

※判断力が鈍り、感情のコントロールが困難になります。スマホが原因で人間関係に深刻な被害を引き起こすレベルです。

●重　症

17～18項目	90%

※睡眠不足、視力低下、学力低下、注意力散漫等の被害が出るレベルです。精神的にも不安定になり私生活にも支障をきたします。事件や事故に巻き込まれる可能性もあります。

●今すぐ病院へ！

19～20項目	100%

※禁断症状が出て入院が必要な状態です。うつ病やパニック障害、自律神経失調症などを引き起こすこともあります。人生において取り返しがつかないことをしてしまう可能性もあります。

第5節 ネットの世界で終わらない「炎上」の脅威

「炎上」とは、誰かが問題のある書き込みや画像、動画を載せると、コメント欄などに大量の批判コメントが集中して書き込まれ、手がつけられない状態になり、サーバーコンピュータの動きが遅くなったり、パンクして動かなくなったりすることを意味します。また、非難が集中してそのサイトが閉鎖に追い込まれることもあります。問題のある書き込みや画像、動画を載せているサイトは、2ちゃんねるやＴｗｉｔｔｅｒなどで話題になり、そのサイトにたくさんの人が集まります。また、ネットニュースなどで取り上げられると、野次馬が大量に押し寄せてきて炎上が起こるケースもあります。

ＳＮＳ炎上で個人情報が流出!?

悪質なつぶやきや画像を載せた人は個人が特定され、ネット上に個人情報がさらされてしまうことがあります。一度このような状態に陥ってしまうと、誹謗中傷が後を絶たず、精神的に追い込まれてしまいます。

Ｆａｃｅｂｏｏｋ、Ｔｗｉｔｔｅｒなどのネットに載せた様々な情報はリンクし、本名を調べ上げられてしまうことがあります。ネットに投稿した内容や画像は、世界中の人に見られていることを認識しなければいけません。

「今、部活の先輩と飲み会から帰る途中です。明日は、学校休みます」

「今日は、店員が少なかったから、リップ二本万引き。楽勝！」

「今日、学校サボってパチンコ行って大損したぁー！」

このような高校生のつぶやきを見かけることがあります。当然、これらの行為は法律違反で、あっという間に個人が特定されてしまいます。学校にもクレームの電話が入り、処分を受けることになります。

また、炎上を起こすのは子どもに限ったことではありません。大人も著名人などの目撃情報をつぶやき、炎上しているケースが目立ちます。

「芸能人の○○が彼女と店に来たけど、ブスな彼女だった」

「合コンに芸能人の○○が参加していた。××の悪口ばかり言っていた」

「私がメンバーに加わった会社の新企画の○○は、来週、記者発表だよ」

など、他人のプライバシーや守秘義務をつぶやいたり、感情的になり、誹謗中傷や殺害予告を書き込んでしまって訴えられたり、逮捕されるケースもあります。何気ないツイートにも個人情報を特定できるヒントはたくさんあります。アカウントを消しても、過去のツイートが発見され、拡散が始まれば、あっという間に炎上し、一生消えない傷を背負うことになります。

最近、女子中高生の間で「ミックスチャンネル」という無料10秒動画アプリがはやっています。そこで、恋人とのキス動画を投稿するのがブームになっているようですが、安易にこのような投稿をするとモラルに欠ける人だと思われ、将来、就職や結婚に影響が出ることも当然考えられます。このような行為は、人に見せるものではありません。このような人たちは相手を思う気持ちよりも、付き合っていることを自慢したい気持ちが高いと言えます。

採用時にネットの情報を参考にする企業も増えているので、不用意なつぶやきや画像・動画の投稿により人生を狂わすことがないように気を付けてください。

ネット炎上から身を守る方法

自分の犯した法律違反をおもしろおかしく語ったり、差別と取られることを書き込んだり、マナー違反の画像を載せるなどして炎上した場合は、広くネットで拡散され、個人情報をＦａｃｅｂｏｏｋやその他のＳＮＳなど、様々なところから調べられます。しまいには、住所を突き止めて自宅や勤務先に押し掛けて嫌がらせをされるなどの被害を受けることがあります。過去の悪質な書き込みや画像の「まとめサイト」が作られ、ＳＮＳのアカウントやブログを閉鎖してもずっとネットにさらされることになります。

炎上させないための最大の対策は、「読む人の身になって書く」ことです。事件などについての書き込みは、事件の被害者や加害者などの当事者本人をはじめ、当事者の友達や関係者が読む可能性もあります。過激な発言や読む人を不快にする書き込み、感情的になった書き込みはやめておくべきです。冷静に判断し、読む人の身になって文章を書けば、炎上につながることは減るでしょう。また、噂などの曖昧な情報を、断定するような内容で書き込んでしまうと名誉棄損などで訴えられることもありますし、科学的に立証されていないこと（例えば、幸運をもたらすペンダント、怪しい健康食品など）を効果があるように書き込むのも危険です。前述のように、万引き自慢や未成年の飲酒、喫煙など、反社会的な書き込みやマナー違反の画像の投稿についても、当然炎上の危険性があります。

炎上した場合、火に油を注がないようにしなければなりません。気を付けていただきたいのは、反論をしたり、攻撃的な書き込みをしないことです。このような行動をとってしまうと、ネットユーザーの反感を買って、あちこちで取り上げられるので、炎上が更に広がってしまうのです。また、非難するコメントを削除するなどの行動に出ると、余計に炎上してしまいます。後で内容を書き直したり、サイトを閉鎖しても、Ｇｏｏｇｌｅなどの検

LESSON 炎上トラブルを防ぐために注意したいこと

① 他人を差別したり、批判したりすることを書かない
② モラルに反する画像や犯罪・違法行為にあたる画像をアップしない
③ 他人のプライバシーに関わる内容や画像をアップしない
④ 内部情報に関わることは書かない
⑤ 名前、住所、性別、個人情報などは書かない
⑥ 画像の撮影場所や現在位置が特定される可能性があるため、GPS機能は無効化しておく

索サイトでは内容を保存する「キャッシュ機能」があるので、書き直し前の情報が見られてしまいます。炎上すると、閉鎖前のウェブの内容を保存し、どこかのサーバーで公開する人も出てくるので、証拠を隠滅しようとすると、余計に騒ぎが大きくなる可能性があるということは覚えておいてください。

ＳＮＳやブログで炎上してしまった場合は、まず、自分の投稿した内容のどこがいけなかったかをじっくり考えてみることです。その上で、問題となった文章を正しい内容に修正して、誠意ある謝罪文を載せてください。謝罪文は、

「私の未熟な書き込みによって多くの方に迷惑をかけ、不快な思いをさせてしまったことを心から反省しております。書き込み（記事）は修正の上、謝罪します」

などと明記しておきましょう。ブログであれば、掲示板やコメント欄を一時的に閉鎖することも考えられますが、閉鎖する場合、過去のコメントをそのまま残しておかなければ反感を招くおそれがあります。

炎上はネット上の出来事ですが、実生活にも影響してしまいます。炎上ブログをまとめて掲載している「炎上ブログまとめサイト」「炎上画像まとめサイト」といったサイトでは、経緯を知った人が個人情報が調べ上げ、勤め先や学校宛てに「クビにしろ」「退学にしろ」といった電話を入れてくるケースがあるのです。実際に、会社をクビになった社会人や、退学になった生徒もいます。自宅でこっそりと書く日記ならば何を書いても構いませんが、誰でも閲覧できるネット上に投稿する場合は、書いた内容、載せた画像に責任を負わなければならないのです。

学校の運営を揺るがす「悪質投稿」

自転車でお年寄りをひいて、そのまま帰宅したことをブログにアップした高校生がいました。ブログは、パスワードを入力しなければ見ることができない状態にしていましたが、パスワードは簡単に破られてその子の悪事が次々と発覚し、ネット上で叩かれて大変なことになりました。タバコを吸っている画像や友達と撮った不適切なプリクラなどが、2ちゃんねるにまとめられ、その子の持っているブログやプロフ類は全て閉鎖しなければならない状況になりました。通っている学校名や連絡先も書かれてしまったので、学校には批判の電話がひっきりなしに入り、困ってしまい、学校側は警察に相談しました。その後、警察から私たちのもとに相談が入り、2ちゃんねるを中心に削除依頼を送った結果、2ちゃんねるからは書き込みは消えましたが、削除までに時間がかかったため、あっという間に拡散し、ネット上には未だにその情報は残っています。

学校選びの際には、オープンスクールや、パンフレットだけでなく、当然、今の時代の子は、ネットで受験したい学校の評判を調べます。悪評が書かれていたりすると、別の学校を受験するとの声もよく聞きます。また、その情報はＬＩＮＥなどを通して仲間内に出回り、あっという間に学校の評判は落ちてしまいます。子どもたちの間では、まずい書き込みや画像を載せている子のことはわかっていますが、自分のことではないと無関心でいます。しかし、自分の通っている学校のイメージが悪くなるということは、自分の評判を悪くしていることになります。そのことに気付かせなければなりません。

一度のつぶやきがもたらす影響

ネット上では、独自に見つけた面白いもの、スクープなどを紹介し、そこにリンクを張って論評する人も多いです。また、それが興味をひくものであればコピーされて、あっという間に広がってしまい、対応ができなくなってしまうこともあります。また、新聞、テレビで名前が出ると面白がってその人の情報を調べて、まずい書き込みや画像を見つけると、その情報とあわせてネットにアップし、日本中の人たちから叩かれるのを見て楽しんでいる異常な人もいます。

２０１１年、公園で集団暴行にあって亡くなった高校生がいました。犯人は全員未成年だったため、実名報道はされませんでしたが、ネット上では殺人に加わっていた子どもの情報、人間関係がすぐにアップされました。殺人犯と付き合っていた彼女の家には、嫌がらせの電話が鳴りっぱなし、家にも嫌がらせをしに押しかけてくる人もいて、家族が崩壊状態になり、ご両親から相談がありました。私たちですぐに対応し、今はこの子の名前で検索しても出てこない状態まで持っていけました。

カラオケ店でバイトをしている高校生が、Ｔｗｉｔｔｅｒにカラオケ店の個室で性行為をしているカップルの画像を載せてしまったケースでも、つぶやいた子があっという間に特定され、学校名や、個人情報や悪口が広まり、すぐにこの子は焦って謝罪しましたが悪口は収まらず、更に炎上してしまいました。今も、この子の名前で画像検索をするとすぐに出てきます。将来、恋人ができて付き合うようになっても、なにげなく彼女のことをネット検索すると、悪口や酷い画像で埋め尽くされているとさすがに付き合うのをためらうでしょう。

某有名大学の生徒がミクシィに友達と悪ふざけで下半身の画像を載せて遊んでいました。当然誰にも見られないようにパスワードは設けていましたが、パスワードは解読され、下半身の画像が誰でも見れる状態になってしまいました。また、出身幼稚園、出身小学校、出身中学校、出身高校、大学のゼミ、バイト先、バイト先の電話番号までさらされました。翌日、バイト先や、大学にも野次馬が押し寄せ大変なことになってしまいました。結婚して子どもができて、子どもがお父さんの名前でネット検索する可能性もあるのです。子どもは父親のことをどう思うでしょうか？

Ｔｗｉｔｔｅｒでつぶやいた内容は取り消しが効きません。高校生が「今から大好きな○○先輩と居酒屋にのみに行く」とつぶやけば、あっと言う間に個人が特定されて、学校にクレームの電話が入り、ネットでの攻撃の的になってしまいます。ネットで攻撃が始まると、24時間３６５日精神的に追い詰められていきます。

子どもから相談があったとき、「見るんじゃない」「気にするな」と無責任なことを言う大人がいますが、子どもの命を守るために親や教師がしっかりとした対応を学ばなければ、取り返しがつかないことになります。教師も生徒も自分たちの学校を自分たちで守っていく手段を学ばなければなりません。私は年間２５０以上の会場で講演会を開いていますが、講演をした学校の中でトラブルがなくなったと報告を受けています。ネットが原因で教え子が命を落としてしまった学校の校長も毎年講演会を開いてくれています。今の子は言っても聞かないと言う声をよく聞きますが、本当に子どもたちの心に響く話ができていますか？　同じことを話しても子どもたちの心に響かなければ全く意味がないのです。

COLUMN

「炎上」の結末

タバコを吸ってる画像や、万引き自慢をTwitterにアップしていた男子高校生がいました。パスワードを入力しなければ見ることができない状態にしていたのですが、パスワードは簡単に破られ、飲酒や万引き、学校をサボってパチンコ店に出入りしていたこと等についての書き込みや画像等がTwitterで拡散してしまいました。通っていた学校名や連絡先もネット上で広がり、学校には批判の電話がひっきりなしに入り、学校側は男子生徒を無期限の停学処分にしました。画像の位置情報から自宅も特定され、スプレーで落書きされたり、夜中にチャイムを連打される等の嫌がらせもエスカレートしていきました。その後、学校側と保護者両方から私たちのもとに相談があり、本人とも話し合った結果、Twitterは閉鎖。本人の誹謗中傷やプライバシーに関する書き込みは削除することができました。しかし、拡散してしまった本人の悪事や画像は削除できず、ネット上には未だにその情報が残っています。SNSに軽はずみに載せた画像や動画、書き込みは、一生取り返すことができない重たい代償を背負うことにもなりかねません。SNSの拡散力は最大です。自業自得とはいえ、軽はずみな投稿画像や投稿動画、つぶやきで一生を棒に振ることがないようにしてほしいものです。

第3章

Chapter3

知っておきたい！トラブル回避テクニック

第1節　SNSトラブルの未然防止策

LINEを安全に使うために

ＬＩＮＥの「友だち」は電話番号でつながっていきます。したがって、以前その電話番号を使っていた人との知り合いともつながってしまう危険性もあるのです（詳しくは、「ＬＩＮＥを始めるときの留意点」23頁をご覧ください）。子どもがＬＩＮＥを安全に使えるように、以下のように設定をしておきましょう。

●アドレス帳の自動登録を行わない

ＬＩＮＥは自分が使用している携帯のアドレス帳をＬＩＮＥのサーバーにアップする仕組みとなっています。サーバーにアドレス帳がアップされれば、知らない人とＬＩＮＥでつながる可能性もあります。昔の友人の携帯番号がアドレス帳に入っていれば、仮に友人が機種変更して、他人がその番号を使用していれば、まったく知らない人とＬＩＮＥでつながってしまうことになるのです。ＬＩＮＥの初期設定では、アドレス送信の設定はスキップして友人とＬＩＮＥのＩＤで交換しましょう。

●「知り合いかも？」表示を「しない」に設定する

●友だち自動追加設定をオフにする

友だちの自動追加機能を利用するか否かは必須でなく任意で、登録時に利用しないことも選択できます。ＬＩＮＥの初期設定では、アドレス帳に登録されている友人が自動で追加される設定になっています。友人のアドレス帳に自分の携帯番号が登録されていると友だち候補として相手にわかり、ＬＩＮＥでつながってしまいトラブルになっているケースが多いです。

設定方法

ｉＰｈｏｎｅの場合は、「設定」→「友だち」→「友だち追加」をオフにする。

Ａｎｄｒｏｉｄの場合は、「設定」→「友だち」→「友だち自動追加」のチェックを外してください。

●ＩＤの検索を許可する設定をオフにする

ＬＩＮＥ上の名前としてＩＤを設定できます。ＩＤがあった方が友人に登録してもらうときには、便利かもしれませんが、ＩＤはＬＩＮＥ上で簡単に検索できてしまうので、知らない人から友だち申請が来る可能性が高くなります。犯罪や事件に巻き込まれないためにも、ＩＤで検索されないように設定を変更し、必要な場合だけオンにしてください。

設定方法

「設定」→「プライバシー管理」で、ｉＰｈｏｎｅの場合は、「ＩＤで友だち追加を許可」をオフに、Ａｎｄｒｏｉｄの場合は、「ＩＤによる友だち追加を許可」のチェックを外して、ＩＤの検索を許可する設定をオフにします。

●メッセージ通知の内容表示設定をオフにする

●タイムラインを新しい友だちに自動公開する設定をオフにする
●メールアドレスなど個人情報を記載しない
●IDや個人情報をほかのSNS等に投稿・掲載しない
IDや個人情報は、Twitterなどでは絶対に拡散せずに、大切に使用するようにしてください。Facebookは本名登録で、知っている友達ばかりだから安全と考えている人もいるかもしれませんが、Facebookはネット上から誰でも検索することができるので、LINE IDやプライベート情報を載せるのは危険です。
●信用できる友人ごとに公開設定を行う
●メッセージブロック・友だちブロックを有効に使う
LINEは、日本だけでも5800万人を超える登録者がいます（LINE株式会社調べ 2015年6月現在）。当然、知らない人からメッセージがきたり、電話がかかってくる可能性もあるので、知らない人からのメッセージや電話は必ずブロックするようにしてください。相手にブロックしたことが気付かれることはないので安心です。
●非公式LINEアプリ・掲示板は利用しない
●迷惑行為を受けたら通報する
●LINEアプリは最新状態を保つ
●出会い目的での利用は行わない

●ＬＩＮＥアプリの起動時にパスワードを入力するように設定する

なりすまし被害を防ぐために、ＬＩＮＥアプリを起動したときに、４桁のパスワードを入力するように設定しましょう。

設定方法

「設定」→「プライバシー管理」→「パスコードロック」をオンにします。

●他端末ログイン許可をオフに設定する

決まったスマホのみからログインする人は、ＰＣからの乗っ取りを防ぐために、他端末ログイン許可をオフにしましょう。

設定方法

「設定」→「アカウント」→「ログイン許可」で他端末ログイン許可をオフにする。

●定期的にパスワードは変更する

設定方法

「設定」→「アカウント」で、ｉＰｈｏｎｅの場合は「メールアドレス変更」→「パスワード変更」、Ａｎｄｒｏｉｄの場合は「メールアドレス登録」→「パスワード変更」の順番になります。

ＬＩＮＥでのやりとりを監視する方法

ＬＩＮＥいじめ対策として、有料のサービスではありますが、子どものＬＩＮＥでのやりとりを監視するという手段があります。子どもがＬＩＮＥいじめにあっても、すぐに親が把握し、証拠を保存することができます。しかし、利用する際は、親子でしっかりと話し合って、子どもが納得した上でなければ、親子関係にひびが入る可能性があるので十分注意が必要です。

■ｉＰｈｏｎｅ監視アプリ「ｉＰｈｏｎｅアナライザー®」

カメラで撮影した画像や動画、連絡先、アドレス帳、発信、着信履歴、ＳＭＳメッセージのやりとりもパソコンの画面で見ることができます。各データをＣＳＶファイルとして出力することもできます。ＬＩＮＥでのメッセージのやりとりの履歴やＳｋｙｐｅのメッセージ履歴、Ｓａｆａｒｉでのネット閲覧履歴までバックアップファイルから解析が可能です。ＧＰＳ情報、通話履歴も解析できる有料ソフトです。

■Ａｎｄｒｏｉｄ携帯監視ソフト「Ａｎｄｒｏｉｄアナライザー®」

ＬＩＮＥでのメッセージのやりとりや位置情報も、リアルタ

LESSON

「iPhoneアナライザー®」の使い方

1 **iPhoneアナライザーをインストール**

バックアップデータのあるパソコンにインストールする。

2 **iPhoneアナライザーを起動**

自動的にiPhoneのバックアップデータを検出してくれる。

3 **解析開始**

iPhoneアナライザーの解析ボタンをクリックする。

参考：株式会社インターナルHP

イムにパソコンの画面で把握することができます。削除したＬＩＮＥメッセージも取得できます。Ａｎｄｒｏｉｄのカメラを強制的に起動させ、スクリーンショットを撮ることでトラブルを把握することもできます。通話履歴やＧＰＳ情報もリアルタイムに受信することができるので、スマホ盗難や紛失したときに役に立ちますし、子どもの居場所も把握できます。

■「Ｆｉｌｉｉ®」

Ｆｉｌｉｉ（フィリー）は、子どもが利用するＳＮＳの会

LESSON

「Androidアナライザー®」の使い方

1 スマホドライバーのインストール

Android端末とパソコンをUSBケーブルで接続し、端末のドライバーをパソコンにインストール。パソコンとAndroid端末を接続すると、端末用のドライバーのインストールが始まる（自動的に始まらない場合は、各メーカーのホームページより手動でダウンロードして、インストールする）。

2 アプリのインストール

Androidアナライザーを起動。「インストール開始」ボタンをクリックすると、Android端末へアプリのインストールが開始される。

3 インストール確認

Androidアナライザーがインストール完了のメッセージが表示されたらOK。

4 アプリの通信状況を確認する

Androidアナライザーの「START」を押してオンラインになったことを確認する（「START」をクリックしてから、アイコンが変化するまでにかなり時間がかかることがある）。

参考：株式会社インターナルHP

話データを取得・分析して、いじめや犯罪に関係しそうなキーワードが含まれている場合、アラートで保護者に伝えるというサービスです。ＬＩＮＥを監視する機能もあり、いじめや犯罪に関係しそうな約２万語を選定し、連続して使われると「いじめや犯罪の可能性がある」と、親が閲覧する専用ページに緊急度の高さに応じて３段階で警告表示が出ます。親は、誰との会話でいつどんな単語が使われたかを確認できますが、「ｉＰｈｏｎｅアナライザー」や「Ａｎｄｒｏｉｄアナライザー」と違い、ＬＩＮＥのメッセージ全文を見ることはできません。

また、Ｆｉｌｉｉは、保護者が見ることができる情報と同等の情報を子ども自身が確認できます。一方的な監視ではなく、危険情報を共有し、親子で身を守るための自衛手段として有効ですが、子どもとしっかり話し合い、子どもが納得した上で導入しなければなりません。

Ｔｗｉｔｔｅｒで被害に遭わないための対策

Ｔｗｉｔｔｅｒにはツイートに「位置情報」を埋め込む機能があり、設定をオンにしたままにすると、今どこにいるかが丸わかりになってしまいます。空き巣やストーカーに狙われる可能性も当然あるので、この機能を

LESSON 「Filii®」登録方法

1. Filliの公式サイトから、保護者がメールアドレスで登録を行う。（Facebookアカウントで登録することも可能）
2. 子ども側の端末で、LINEへのアクセスを許可する。

参考：エースチャイルド株式会社HP

無効化しておくほうがよいでしょう。「ツイートに位置情報を追加」のチェックをオフにすると無効にすることができます。ツイートから位置情報を消すには「全ての位置情報を削除」ボタンを押してください。

Ｅｘｉｆ情報は、画像ファイルに含まれる撮影日や使用したカメラの情報、撮影場所や縮小版画像などの情報です。「撮影場所がわかってしまった」「画像加工ソフトで顔を隠したのに修正前の縮小版画像が残っていた」などの事例がたくさんあります。

自分自身の情報を守るためには、「ツイートを非公開にする」機能を使用するのがよいでしょう。ツイートを非公開にすると、フォローを承認していない人からは、ツイートが見えなくなり、フォロー・フォロワー一覧、リストも見えなくなります。リツイート機能（ＲＴ）も利用できなくなります。また、非公開中、外部サービスはＴｗｉｔｔｅｒからあなたのツイートを収集できなくなります。

Ｔｗｉｔｔｅｒは、友達の中だけでやっていたほうが安全です。Ｔｗｉｔｔｅｒを通して、仲が良くなってくると「実際に会いませんか」と誘われることがあります。しかし、実際に会うのは大変危険です。Ｔｗｉｔｔｅｒでは相手の姿が見えません。ツイート・写真などからでは本質は見抜けません。ネット上での付き合いに留めておくべきです。相手に住所や個人情報を教えてしまえば、関係がこじれたときに、画像を嫌がらせでばらまかれたり、ストーカー被害に遭ったり、脅されたり、最悪の事態を招くことも考えられるのです。誰もが閲覧できるインターネットは、掲載内容・掲載画像に責任を負わなければならないことを忘れてはいけません。

Ｔｗｉｔｔｅｒのアカウントの乗っ取り被害を防ぐためには、次の対策を参考にしてください。

●ユーザー名などに個人情報を使わないようにする

●メールアドレスからアカウントを検索できないようにする

Ｔｗｉｔｔｅｒには、メールアドレスでアカウントを検索する機能があります。検索フォームにメールアドレスを入力して検索すると、登録者のアカウントがわかってしまいます。メールアドレスからアカウントを検索できないように設定しましょう。

設定方法

ｉＰｈｏｎｅの場合、「設定」→「Ｔｗｉｔｔｅｒ」→「アカウント」→「メールアドレス検索」の設定をオフにしましょう。

Ａｎｄｒｏｉｄの場合、「その他」の「メールアドレスで検索」と「電話番号で検索」の設定をオフにしましょう。

●Ｔｗｉｔｔｅｒに登録したメールアドレスは友達と連絡するときのアドレスと別にする

もし、アカウントＩＤ・パスワードを知られてしまえば、勝手にログインされてしまい、乗っ取られてしまう可能性があります。

●絶対にＩＤやパスワードを他人に教えない

●ログイン時には偽のＴｗｉｔｔｅｒではないか確認する

ログイン画面を装ったページもあります。本当にＴｗｉｔｔｅｒのものか確かめましょう。怪しいＵＲＬは絶対に開かないようにしましょう。

●怪しいアプリを連携しない

Ｔｗｉｔｔｅｒは外部サービスと連携して多様な使い方ができます。一部機能利用を承認することで外部サービスからツイートしたり、タイムラインを取得したりすることなどが可能になります。怪しいものを承認してしまうと荒らされる危険性があるので、怪しいアプリを連携しないでください。また、使い終わった連携は解除しましょう。

Ｆａｃｅｂｏｏｋで被害に遭わないための対策

Ｆａｃｅｂｏｏｋは、ユーザー登録時に13歳以上であると言えば、誰でも会員になることができます。実名登録が基本で、出身地、居住地、生年月日などの情報を登録するので、個人情報が筒抜けになる危険性があります。欧米においては、就職時に人事担当者がＦａｃｅｂｏｏｋを調べているそうですが、日本でも取り入れている企業が増えています。

公開制限のない状態で、今いる場所や私生活についての情報を公開していると、ネットストーカーに遭う危険性もあります。神奈川・逗子市の自宅で、当時33歳の女性が元交際相手の男に刺殺された事件では、この男はＦａｃｅｂｏｏｋの写真や書き込みから女性の住まいを特定しようとしたほか、女性の生活ぶりを探っていたのでした。

Ｆａｃｅｂｏｏｋ、Ｔｗｉｔｔｅｒ、ミクシィなど複数のＳＮＳを利用している人は、より多くの個人情報が集められてしまう可能性があります。持っているアカウントの分だけ、ネットの向こうの見ず知らずの人に、住所や学校名、名前、勤務先、家族構成、彼氏や彼女の名前、よく行くレストラン……といった多くの情報を提供していることになるということを理解していてください。

自分の個人情報、身の安全を守るためにも、各個人で設定を調整することが大切です。トラブルに巻き込まれないようにするために、次にあげるＦａｃｅｂｏｏｋの設定方法を参考にしてください。

●公開範囲の設定では「公開」以外を選択

・「公開」を選択すると、Ｆａｃｅｂｏｏｋに登録している全世界のユーザーが情報を閲覧できるようになってしまいます。

・「友達」を選択すると、友達までしか公開されないので、他人に見せたくない場合に適しています。

・「カスタマイズ」を選択すると、自分のウォールを見られる友達を限定したり、非公開にする友達を選択することができます。情報を公開したくない友達がいる場合は、この設定を利用しましょう。

Ｆａｃｅｂｏｏｋのログイン ＩＤは、メールアドレスや携帯番号です。メールアドレスを友達のみに公開している人も多いですが、いったん友達になってしまえば、パスワードがわかれば侵入できます。メールアドレスを「友達の友達」までに公開している人なら、Ｆａｃｅｂｏｏｋの友達が悪意を持ったアカウントと友達になれば同じ危険性があります。

Ｆａｃｅｂｏｏｋで、「乗っ取り」「スパム」「有害サイトのリンク」「なりすまし」などの被害が数多く報告されています。Ｆａｃｅｂｏｏｋのスパムメッセージは友達から友達へと広がり、数十万人と拡大していくのです。そして、全ての友達を送信対象に招待をしてしまうような危険なページに誘導されたりします。こうした誘導は、ほとんどの場合、何らかのオンライン詐欺に関係していると考えられます。

住所や生年月日を知られると、なりすまし被害に遭う可能性もあります。ネットの本人確認も、生年月日にしている人が多いと思いますが、Ｆａｃｅｂｏｏｋに載せている内容から読み取ることが可能になってしまいます。

●「つながりの設定」では、「友達リクエストを送信できる人」、「ウォールに投稿できる人」、「メッセージを送信できる人」などが設定できる

●広告の設定で「非公開」を選択

外部サイトの広告で、写真や名前が使われてしまうことがあります。外部サイト上に表示される広告に対してプロフィール写真や名前を使い「あなたの友人のAさんがいいねと言っています」という表示が可能になるということです。広告の設定で「非公開」を選択すれば写真や名前が使われることはありません。

●友達にタグ付けされた投稿をタイムラインに表示する前に確認する機能をオンにする

あなたの写真を、友達であるAさんがＦａｃｅｂｏｏｋにアップしタグを付けた場合、友達Aさんの友達Bさん、友達Bさんの友達Cさん、と公開範囲が広がっていき、あなたが会ったことのない人もあなたの顔や名前を知ることができてしまいます。タグ付けされた写真をあなたのタイムラインに掲載するかどうか、その都度選べるようにしましょう。

●メールアドレスと携帯番号は「自分のみ（非公開）」を選択

プロフィールページでFacebookログイン用のメールアドレスや携帯番号を公開してしまうとアカウントを乗っ取られる危険性があります。Facebookでは、ログインにメールアドレスか携帯番号とパスワードが必要です。メールアドレスを公開したい場合は、ログイン用メールアドレス以外にしましょう。メールアドレス（携帯番号）の公開設定を変更する手順は、次のとおりです。

①　タイムラインを表示させ、「基本データを編集」、またはタイムライン横の「基本データ」をクリック

②　「基本データ」の「連絡先情報」の横にある編集ボタンをクリック

③　メールアドレスの右側にある公開設定のタグを開き、「公開」以外に設定し、「保存」

●Facebookのゲームアプリを使わない

スパムアプリに感染しないためには、友達にゲームアプリなどを勧められても、Facebookのアプリを使わないようにしましょう。Facebookのアプリに登録すると、知らない間に友達の情報、メールアドレスなどが漏れて、迷惑メールが急増したりします。

●「いい話」に「いいね！」をしない

悪徳業者は、いい話を投稿して多くの「いいね！」やシェアを獲得した後、投稿内容を差し替えてきます。詐欺のようなろくでもないマニュアルを高額で売りつける情報商材や、アダルト系サイトといったものの宣伝などです。いい話に「いいね！」をしたつもりだったのに、気がつくと詐欺の内容の商品紹介や恥ずかしいサイトの宣伝に対して「いいね！」をして友達に広める手助けをしてしまうことになりかねません。ちなみに、ケンブリッジ大学の研究結果によると利用者がクリックした「いいね！」を分析すると、その利用者の年齢や性別、知能指数、人種や宗教、性的志向、政治的信条などが、かなりの確率で判明してしまうとのことでした。

●「Yahoo！ニュース」でFacebookへのアクティビティの機能を利用して、Yahoo！ニュースの記事を表示させない

「Yahoo！ニュース」でFacebookへのアクティビティの自動投稿が可能になりましたが、この機能を利用して記事を表示させると「Yahoo！ニュースの○○の記事を読んだ」と自動的にFacebook上の友達のウォールに表示され、友達に何を見たかが筒抜けになってしまいます。Mobli、Viddyといった動画共有サービスでも、10秒以上動画を見たり、「いいね！」やコメントを投稿すると、Facebookに勝手にシェアされてしまいます。

●写真は「公開」にしない

Facebookで写真を「友達の友達」に公開するとインターネット上に写真が出回ります。自分のプライバシーを守るためにも、写真は公開にしないほうがよいでしょう。Facebookに公

開した写真が、見ず知らずの人のＴｗｉｔｔｅｒ、プロフ、ブログの写真、風俗の写真に使われる事件も発生しています。また、知人にも被害が及ばないためにも、他の人と写った写真を公開しないほうがよいでしょう。

就職の際も、ネットで名前検索はされると思ったほうがよいでしょう。Ｆａｃｅｂｏｏｋから、就職がダメにならないように、過去の画像やブログ、Ｔｗｉｔｔｅｒの内容についても見直しておきましょう。

●見ず知らずの人からの「友達申請」を承認しない

Ｆａｃｅｂｏｏｋは、個人情報がわかるネットサービスですが、同級生や昔の知人だけでなく、見ず知らずの人から「友達申請」を受けることもあります。自分の友達の友達という形で「友達申請」をしてくることも多いので、「友達承認」をしてしまう人もいます。しかし、友達承認をしてしまうと「友達限定」で公開している写真や文章、あるいは連絡先などの個人情報までも閲覧できてしまう場合もあるので、注意が必要です。当然、個人情報を盗まれるリスクも十分考えられます。顔が見えているると思って安心していると大変なことになりかねません。あなたが友達承認した相手の本性は全く違っているかもしれないのです。Ｆａｃｅｂｏｏｋで人間関係は広がりますが、同時に危険も広がっていくと考えなければなりません。

第2節 フィルタリング

フィルタリングとは

インターネット上の有害な情報から青少年を守るために性的、反社会的な情報等が含まれたサイトを選別し、閲覧できないようにするサービスを「フィルタリング」と言います。フィルタリングは、日本語で「選別」「ろ過」などの意味があります。フィルタリングを設定することにより、未成年に悪影響を及ぼす「アダルト」「薬物」「出会い」「ギャンブル」「グロテスク」「自殺」などに関連する有害サイトをブロックして閲覧できなくすることができます。各携帯会社が提供するフィルタリングサービスを利用すれば、無線ＬＡＮ接続でも有効となるフィルタリングや子どもの年齢に応じたレベル設定や、カテゴリー別の閲覧可・不可の選択もできます（詳しくは、資料2「フィルタリングの設定方法」126頁をご覧ください）。子どもを犯罪や性被害や架空請求などから守るためにも、フィルタリングは必要なのです。

フィルタリングの誤解

フィルタリングについて、次にあげる項目のように誤解している子どもも多いので、大人も正しい知識を持ち、子どもを説得できるようにしましょう。

●LINEができなくなる

フィルタリングをかけても、LINEは通常通り利用できます。性犯罪に繋がりやすいLINE ID検索ができなくなるだけです。アプリが利用できない設定をしている場合は、アプリを利用できるように変更すればLINEは利用できます。

●音楽がダウンロードできなくなる

審査を通っている音楽のダウンロードサイトは、「音楽カテゴリー」に分類されており、制限対象ではありません。制限対象となっている音楽のサイトから音楽をダウンロードした場合、法律違反で検挙対象となります。

●クーポンが取れなくなる

クーポンは手に入ります。フィルタリングで制限がかかるのは、未成年が利用してはいけないクーポンのみです。ファストフード店などのクーポンはフィルタリングをかけても使えます。

●ゲームができなくなる

「ゲームできなくなっちゃうでしょ」とか、「SNSで知り合った友達とやりとりできなくなる」と子どもたちは言いますが、大手の審査を通ったサイトは全て利用できます。ただし、未成年に悪影響がある広告は全て制限されます。お母さんが子どもにスマホを渡して、ゲームで遊ばせている様子をよく見かけますが、ゲーム画面の下に出てくる広告は子どもに見せるようなものでない場合が多いです。つまり、子どもたちは、成人向けの広告を見ながらゲームをやっているのです。フィルタリングをかければ、未成年者にとって有害な広告は全てブロックされて出てこなくなります。

●調べ物ができなくなる

宿題などの調べ物をするときに、フィルタリングの規制対象になるものはほとんどありません。仮に、調べ物をしているときに制限がかかった場合は、対象のサイトやカテゴリーを一時的に解除してあげてください。

ネットの世界は、残念ながらデマや信憑性がない情報、未成年に悪影響を与える情報が溢れています。もしも、医師免許を持たない人が興味半分で診察していたらどうでしょうか？　連続殺人犯が警察の制服を着て交番にいたらどうでしょうか？　未成年を狙った犯罪者はネットの世界の中で罠を仕掛けているのです。フィルタリングは、スマホを使いづらくするものではありません。命を守るためのものなのです。

どのように子どもを説得するか

子どもが高校生ぐらいになると、親に反抗してきます。もし、子どもから

「高校生にもなってもフィルタリングなんて恥ずかしい。クラスの中で誰もフィルタリングなんかかけてないよ」

と言われたらどうしますか？　カチンと来て、

「何でわざわざフィルタリングをかけているのに、外さないと駄目なの？　親のお金で契約して

あげているんだから、外さないわよ！」

なんて言い返してしまいそうですが、こんな調子では「むかつく」「うるさいな」という険悪なやりとりになってしまいます。親の主張は正論ですが、子どもの心には響きません。一方、

「優子の気持ちはすごくわかる。お母さんが優子と同じ高校生だったら、お母さんも親に『フィルタリング外して』って言っていたと思う。でもね、お母さん、もしも優子に何かあったらどうしていいかわからないもの。お母さんは、優子から嫌われてもいいという覚悟はある。いくら嫌われても優子を守りたいもの。だから、フィルタリングは外さない。」

こう言われると、イライラしないですよね。人の心を動かすのは、正論だけでは駄目で、心の中に入っていかなければならないのです。フィルタリングを外している親は、

「私は、子どものことを信じています」

「うちの子は悪いことをするような子じゃありません」

「親が信じてあげないと駄目ですよね」

と、もっともらしいことを言います。このような言葉は、無責任な親から出るものなのです。警察庁の発表によると、犯罪に巻き込まれた子どもの95・2％がフィルタリングをかけていなかったのです（「コミュニティサイトに起因する犯罪における被害者のフィルタリング利用状況」平成26年上半期　警察庁発表資料）。子どもの命が奪われても「信じている」なんて言っていられるでしょうか。子どもを犯罪から守っていくため、子どもの命を守っていくためにフィルタリングがあるのです。

第3節 悪意の攻撃から子どもを守る方法

ウイルスの脅威

スマホは、パソコンと同じようにウイルスの脅威にさらされています。スマホ内の情報を盗み出す目的で作られた不正アプリをインストールしてしまうと、電話番号やメールアドレスなどの端末内の個人情報や、画像、アドレス帳のデータ、端末の位置情報などを盗み出されてしまう可能性があります。トレンドマイクロ社の調査では、Ａｎｄｒｏｉｄ端末向けの公式マーケットである「Ｇｏｏｇｌｅ Ｐｌａｙ」の人気無料アプリ上位50件のうち、約80％のアプリについて偽アプリの存在が確認されています。Ｇｏｏｇｌｅ Ｐｌａｙでは、アプリを作り、登録するだけで、身元確認さえできれば誰でも自由に数時間でアプリをアップロードすることができます。Ａｎｄｒｏｉｄ携帯でアプリを利用する場合、新たにアップロードされたアプリは、利用者の評判や運営サイトなどもチェックしてからダウンロードしなければなりません。一方、厳しい審査が設けられているｉＰｈｏｎｅのアプリでも、２０１４年10月には、Ａｐｐｌｅの公式マーケットであるApp Store上でもオリジナルと同額で販売される偽アプリが見つかっています。不安な場合は、ドコモ、ａｕ、ソフトバンクの公認アプリや「Ａｍａｚｏｎ Ａｐｐｓｔｏｒｅ」から選ぶといいでしょう。

セキュリティソフトを使えば、不正アプリの侵入経路となるスパムメールや不正ウェブサイトへのアクセスを未然にブロックしてくれます。また、インストールするアプリの安全性を事前にチェックし、情報を漏らす可能性がある場合には警告してくれます。ソフトによっては、インストール済みのアプリの危険度を判別してくれるものもあります。不正アプリの脅威から身を守り、友達の情報を守るためにも、信頼のおけるウイルス対策のソフトを入れるべきです。

個人情報の守り方

セキュリティ会社ＲｉｓｋＩＱの調査によると、ＧｏｏｇｌｅＰｌａｙ上での不正アプリの数が、２０１１年から２０１３年にかけて３８８％増加したと発表されました。アプリをダウンロードしているはずが、自身のプロフィール、クレジットカード番号、画像、通話履歴などの情報が盗まれていたというケースが急増しているのです。２０１２年には、ウイルスを仕込まれて東京、大阪、愛知、福岡、三重といった全国各地の男性が被害に遭い、誤認逮捕されました。変なウイルスを取り入れてしまうと、そういう目に遭う危険性があるのです。

ウイルスはフィルタリングだけでは防御できません。スマホを子どもに持たせるということは、個人情報の宝庫を子どもたちが持つということです。きちんとしたウイルス対策用のソフトを入れなければ、その情報を盗まれるかもしれないのです。無料ウイルス対策ソフトを使っているという人がいますが、実はそのアプリ自体が不正アプリで、ダウンロードのボタンを押したら、情報を盗まれていたケースもあります。ウイルスから身を守るためには、信頼できるものか、携帯会社が推奨しているものを入れるべきです。そして、次々といろいろなウイルスが作られますから、一度入れたからといって安心せず、1年ごとにソフトを新しいものに更新していかなければなりません。厄介でも、個人情報を守るためには、それくらいの対策が必要なのです。

掲示板管理人への削除依頼

他人に書き込まれた内容を閲覧者が勝手に削除することはできませんが、管理人に要請すれば削除してもらうことが可能です。

自分の通う学校の教師や子どもに対する誹謗中傷、また個人情報の暴露を発見したら、まずは、その掲示板のURLを控えておいてください。さらに、PCサイトであればその画面をプリントアウトして、書き込み内容、日時を保存してください。携帯サイトではプリントアウトすることが難しいため、管理者へ書き込み内容の保存を依頼する必要があります。

削除依頼の方法は、各掲示板によって異なります。掲示板には削除依頼の方法が掲載されているので、それを読んでください。通常は「Q＆A」「困ったときはコチラ」「利用規約」などのページが設けられていて、その中に削除依頼の方法が書かれている場合が多いです。しかし、最初から、個人名をあげて、誹謗中傷ばかりが書かれている掲示板は、管理者に削除依頼を送っても削除されないケースが多いので、その場合は全国ｗｅｂカウンセリング協議会に相談してください。

掲示板によっては、削除依頼専用のスレッドが用意されている掲示板サイトもあります。削除依頼スレッドが用意されていれば、そのスレッドに書き込んでください。その際、個人名で削除依頼を送ることは危険ですから、必ず「削除依頼人」と書いてください。また、書き込みのあるアドレス（URL）・スレッドタイトル・書き込みナンバー・削除依頼理由も必ず入力してください。

管理者に連絡しても削除されない場合は、掲示板が利用しているプロバイダに削除依頼のメールを送ります。掲示板の最下部に書かれたリンクをクリックすると、掲示板サービスを提供しているプロバイダのホームページにアクセスできます。そのページにある「問い合わせ」や「違反BBS通報」などから削除依頼メールを送ります。削除依頼は必ず、具体的に書かれている内容について記載し、書き込みのあるアドレス（URL）を記載します。また証拠を残すために、書かれた内容と日時がわかるようにプリントアウトしておくことと、管理者に通信記録の保存もあわせて依頼しておくことも大切です。

削除依頼の文面は、簡潔に書いてください。学校の先生方ほど理屈詰めで長い文章を書く傾向がありますが、これでは無視されてしまいます。どこが削除対象なのかを簡潔に書くようにしましょう。

例えば、「タヒね」（例1）という書き込みを見つけたとします。これは、「死ね」という文字をカタカナで書いているのです。この削除依頼をする

例1

No.●：Abc123　2016/03/30　0：00
歹匕ね

例2

No.●：wyz789　2016/03/30　0：00
米白

には、『タヒね』というのは、子どもたちの間では、死ねという言葉を意味します。これは明らかにまずい言葉ですので、この部分の削除をお願いします」とします。また、「米白」（例2）については、「あいつはカス（粕）のようなやつだと批判するような言葉で書かれていますので、削除をお願いします」とか、「肝い」（「キモい」を表したもの）については、「肝い＝気持ち悪いということを意味します」とわかりやすく簡潔に書いてください。そうすると、削除してくれます。

全国ｗｅｂカウンセリング協議会には、全国から削除依頼の相談が数多く寄せられますが、その中でも特に相談を受けることが多いサイトの削除依頼の方法については、資料3「掲示板・Ｔｗｉｔｔｅｒでの投稿の削除依頼」129頁を参考にしてください。

リベンジポルノに関する対応について

全国ｗｅｂカウンセリング協議会にリベンジポルノの相談が来た場合、まずこちら側で管理人の方に連絡を取ります。明らかに未成年であるとか、個人情報がさらされているものに関しては、今はどこもすぐに対応はしてくれます。しかし、中には管理人といっても、管理せずに放置している掲示板もあります。管理人と連絡が取れない場合は、プロバイダから管理人に連絡を取ってもらいます。拡散する前であれば対応は充分可能です。しかし、拡散してしまって海外のサイトに載せられた場合、全て削除するのは極めて難しいと言えます。

Ｇｏｏｇｌｅからの情報の削除

機密性の高い個人情報（銀行口座番号や手書きの署名の画像など）、児童ポルノ、リベンジポルノはＧｏｏｇｌｅの検索結果から削除するように、Ｇｏｏｇｌｅにリクエストできます。Ｇｏｏｇｌｅ側で削除できる情報の種類について、詳しくはＧｏｏｇｌｅの「削除ポリシー」をご覧ください。写真、プロフィールへのリンク、ウェブページなどを削除したい場合は、通常は情報が含まれるウェブサイトの所有者（ウェブマスター）に情報を削除するように依頼する必要があります。

ネットに書き込んだ相手を特定する方法

掲示板等に書き込んだ相手を特定するには、まず、管理運営会社に発信者の「ＩＰアドレス」の情報開示を依頼します。ＩＰアドレスとは、その使用しているコンピュータごとに割り振られている住民票のようなものです。

「書いた相手を訴えたいので、ＩＰアドレスの提出をお願いします。管理者責任を追及するのではなく、発信者を提訴するためのものなので、提出していただければ面倒はかけさせません」といった依頼メールを送ります。情報開示を拒否された場合は、裁判所に情報開示請求を申し立てることになります。

ＩＰアドレスが判明したら、そのＩＰアドレスを管理しているプロバイダを特定することができます。プロバイダを特定したら、プロバイダに対して情報開示請求訴訟を提訴してください。判決により、書き込んだ匿名の相手の住所や氏名などを特定することができます。

裁判所への情報開示請求のやり方がわからない場合は、弁護士に頼んで、手続きを教えてもらうのがいいでしょう。裁判では、2、3回ほどで「掲示板管理者がIPアドレスを出す」という和解方法を裁判所から提示してきますので、それで終了です。そのIPアドレスをもって、次はプロバイダにIPアドレスからの個人情報請求訴訟を起こします。その裁判が終われば、書いた人が特定できるので、名誉毀損で書いた相手を訴えるか、和解の形を取ります。

刑事事件としてネットに書き込んだ相手を特定する方法

誹謗中傷や個人情報等を書かれたサイトの管理者にIPアドレスの開示のお願いをしても出してもらえなかった場合、警察署の受付で、

「ネットに誹謗中傷を書かれたので、刑事告訴を考えています。刑事課をお願いします」

としっかりと伝えてください。「ネットに誹謗中傷を書かれて困っている」と伝えるだけだと、生活安全課に回されて、話を聞いてもらって終わりになります。

刑事課では、誹謗中傷された旨を伝え、誹謗中傷などが書かれたプリントアウトした内容を見せ、掲示板管理者の連絡先を教えます。そして、警察のほうから、「捜査関係事項照会書」によって書き込み者のIPアドレスを開示請求をしてもらうようお願いをします。

掲示板の管理者は、この対応でＩＰアドレスを出してくれます。公開されたＩＰ登録者情報から、書き込んだ個人または契約者の割り出しを行います。

架空請求・悪質メールの見分け方と対策

身に覚えのない請求メールがきたとき、支払う必要はありません。メールに連絡先が載っていても、絶対に連絡を取らないでください。子どもたちにも、請求には応じないよう言い聞かせてください。

どのような業者かを調べるには、会社名で検索するのではなく、電話番号を「完全一致検索」で調べてください。会社名はころころ変わり、実際にその会社名を名乗って仕事をしている情報ばかりが出てきてしまいます。電話番号は実際に今、使われているものなので、電話番号で検索すると見つけやすいのです。その際、半角のダブルクォーテーションで電話番号を挟んで検索します（例："03-5421-●●●●"）。

すると、この電話番号と完全に一致した情報のみが検索されます。Ｇｏｏｇｌｅで検索しても、似たような電話番号の情報、関係のない情報もたくさん表示されてしまいます。この完全一致検索をかければ、この電話番号の情報、つまり悪徳業者の情報のみが表示されます。

架空請求メール　例1

《重要なお知らせ》

この度、お客様がご使用の携帯端末より以前ご登録頂いた
【総合情報サイト】から無料期間中に退会処理がされてない為に、
登録料金が発生し現状未払いとなった状態のまま放置が続いております。
当社はサイト運営会社より依頼を受けまして、料金滞納者の個人調査、
悪質滞納者の身辺調査などを主に行っております。
本通達から翌日の正午までにご連絡を頂けない場合、名義認証を行い利用規約に伴い、お客様の身辺調査に入らせていただきます。
調査完了後は、回収業者による御自宅やお勤め先への料金回収、又はサイト運営会社による少額訴訟の裁判を行う可能性があります。
退会処理の詳細につきましては下記までお問い合わせ下さい。

営業時間 10:00 ～ 19:00
（株）●●●ネット
TEL03-5745-●●●●
担当●●

ご連絡なき場合明日の正午より手続き開始となりますのでご了承下さい。

架空請求メール　例2

《担当の●●と申しますがお世話になっております》

この度、サイト運営会社から再三の催促のメールがあったにも関わらず、お客様の方がメール受信拒否設定で、ご返答がないという事で弊社が依頼をうけまして、ご連絡をさせて頂きました。

お客様が御使用中の携帯端末認証記録により、

【有料総合サイト】の利用〈着メロ・天気・占い・ニュース・待受画面・出会い・動画〉等のコンテンツの登録があり、利用料金等の長期滞納が続いてるとの事です。

今後も連絡がとれない場合【利用規約】に基づき携帯個体識別番号から追跡し、お客様の身辺調査を行い登録料金等、損害賠償を求める民事訴訟となります。

通信記録という証拠を提出したうえの裁判であるため利用規約に同意して登録されてる以上は､誤っての登録であっても支払い命令が下されます。

尚、少額訴訟の手続きが進行している最中なので、サイト運営会社は状況に応じて和解をしても構わないと事なので、訴訟差止め、退会処理、和解希望の方は本日中に大至急ご連絡を下さい。

（株）●●調査事務所
TEL 03–3406–●●●●
担当　●●

受付時間
平日9時〜 19時迄
土曜10時〜 17時迄
定休日・日曜・祝祭日
※尚、営業時間外は受け付けておりません。
メールでの返答にも対応できませんので、ご了承下さい。

ワンクリック詐欺に騙される子ども

未成年者の中には、興味半分で成人向けのサイトにアクセスし、「18歳以上」をクリックして高額な金額を請求され、誰にも相談できずに悩みを抱え込んでしまう子もいます。これはワンクリック詐欺と呼ばれています。悪徳業者は5000兆通りのアルファベットと数字の組み合わせにランダムにメールを送れるソフトを導入しています。

「美香だけどメルアド変更したから登録しておいてね」

「○○宅急便ですが、お荷物配達しましたが不在でしたので、再配達はこちらから……」

「今後、このメールの受け取りを拒否する場合は、配信停止を押してください」

「今後、このメールの受け取りを拒否する場合は、登録解除を押してください」

「優子だけど、5分遅れるからみんなに連絡しておいてね」

などと知らないメールアドレスからメールが届く場合があります。もし、このメールに返信をしたり、URLをクリックすると悪徳業者のコンピュータにメールアドレスが登録されてしまい、架空請求メールが届くことがあります。見知らぬメールアドレスには絶対に返信はしてはいけません。

ワンクリック詐欺は、一方的に契約したことにされて、料金の支払いを求められるケースがほとんどです。不当な契約や請求があった場合はワンクリック詐欺だと思ってほぼ間違いありません。

クリック1回で払う必要のない請求をされるのがワンクリック詐欺ですが、最近は、複数クリック詐欺の被害も出ています。数ステップを踏ませて登録させ、高額を請求する手法です。悪徳業者は、あたかも個人情報を取得したかのように騙し、期日内に支払わないと「遅延損害金が発生する」「裁判になる」などと恐怖をあおってきますが、絶対に連絡は取らず、全て消去してください。スマホの画面に端末情報やＩＰアドレスなどが表示される場合もありますが、これらはウェブサイトを閲覧するときにこちらが相手に見せなければいけない情報を、そのまま表示しているだけなので一切心配はいりません。先方に連絡を取ってしまい、料金の支払いを迫ってきたり、脅迫された場合はすぐに警察もしくは、国民生活センターに連絡してください。

第4章
Chapter 4
スマホ時代の子どもの守り方・育て方

第1節　ネットいじめに対応する上での留意点〔教師の皆さんへ〕

子どもの相談にのる手順

① リラックスできる場所に移動する

子どもから相談を受けた際、教室で話を聴いてしまう教師がいますが、誰でも出入りが自由な場所だと、子どもは集中して話ができません。できるだけ相談室などの落ち着いて話ができる場所に移動してください。悩みを抱えている子どもは非常に敏感になっているので、廊下で話し声がしただけでも気になってしまったり、広い教室に2人きりだと周りの空間が気になって落ち着いて話をすることができません。また、教室にある木製の椅子は集中力を持続させる効果はありますが、相談するときの椅子には適していません。ソファなどの柔らかい椅子に座ったほうが、リラックスでき、本音で語りやすいのです。

② 子どもを正面ではなく「対角線の左前」に座らせる

机を挟んで教師と子どもが対面して座ることも避けたほうがいいでしょう。人間はあまりにも至近距離で対面すると、相手の目を見られなくなってしまうものです。悩みを抱えた子どもであれば、なおさらです。中には、足を組んだり、腕を組んだり、ふんぞりかえって話を聞く教師もいますが、このような態度を目の前にして、子どもは本音を打ち明けたりしません。子どもの話を聴くときは、足を組んだり、腕を組んだりせずに、多少前かがみになって話を聴くようにしてください。

また、正面に向き合って座るよりも、子どもを対角線の左前に座らせて話をするとよいでしょう。人間の左半身は右脳が支配し、反対に、右半身は左脳が支配しています。左脳に話しかける（右耳から話しかける）と、理論的に考えてしまい、自分に都合が悪いことは隠す傾向が強いのですが、対角線の左前に子どもを座らせ、右脳に話しかける（左耳から話しかける）と、感情に響かせやすくなるのです。

③ 時間設定がミソ

子どもの相談にのるときに、時間設定をしない教師がいますが、精神的に不安定な子どもの相談にのると、いつまで経っても話が終わらないことがあります。時間を設定し、時間内に頭の中で話をまとめて相手に伝える能力を身につけさせることも大切です。子どもが集中して話ができる30分から50分程度で相談時間を設定しましょう。

④ 必ず座って相談にのる

立ったままの状態で話を聞くことは絶対にしてはいけません。立ったままの状態は喧嘩状態なので、子どもの不安を大きくしてしまいます。座って子どもと視線を合わせて話をしてください。ただし、子どもの目をじっと凝視してしまうと、精神的に追い詰めてしまいますので、子どもの目が泳ぎ

LESSON トラブルに遭った子どもの相談にのるときのポイント

1 リレーションをつくる

・この先生は信頼できると子どもから思われること

・子どもの身になって考えること

誹謗中傷などの書き込みで相談があった場合、「見るんじゃない」「放っておきなさい」などと無責任なことを言ってはいけません。まずは、問題の書き込みを先生も見て、書き込みをされた子どもの立場になって考えなければなりません。

2 問題の核心をつかむ

・非言語的態度・言葉・表情からも子どもの気持ちを読み取ること

コミュニケーションのうち、言語コミュニケーションは僅か7%にすぎず、非言語的なコミュニケーションが大部分を占めていると言われています。ネット関連の問題を抱える子どもと対応する場合には、話しやすい雰囲気をつくるとともに、表面的な言葉だけではなく、表情や声色など非言語コミュニケーションにも十分注意を払って、問題の核心をつかみ、的確な相談・援助・助言をすることが必要です。

・加害者の子どもが問題に気付き、反省するように促すこと

特に、加害者の子どもに対応するときは、彼・彼女たち自身が、なぜそのことが問題になるのか、何が問題の核心であるのかを、相手の立場に立って考えさせて、自ら反省して過ちを繰り返さないように指導していきましょう。インターネットの仕組みを理解させるのも大切です。

3 適切な処置をする

・子どもの性格も考えて対応すること

過去に同様な事案があっても、子どもの性格を考えて対応することが大切です。

始めたり、瞬きが多くなってきたら、教師のほうから、そっと下を向いて一度視線をそらして、また子どもを見るように心掛けてください。

話を聴くときは、大きく頷きながら話を聴くことが大切です。大勢の前で話をしたことがある人ならわかると思いますが、話をしているときに聴衆が頷いてくれるだけで、かなり話しやすくなるはずです。ただし、むやみやたらに頷けばいいというものではありません。半分うわの空で相槌を打っていても、子どもとの信頼関係はできないので、子どもに安心感を与えたり、本音を聞き出すことはできないでしょう。

また、相談中にメモばかり取っていると、子どもは警察に調書を取られているような感覚になり、圧迫感を与えてしまいます。話を聴いている間は、極力ペンを置きましょう。また、このとき、ペン先は子どものほうに向けずに、自分のほうに向けて置いてください。

⑤ 子どもがドアを出るまで見送る

相談が終わった後は、椅子に座ったまま子どもを見送るのではなく、子どもと一緒に立ち上がり、ドアまで一緒に歩きながら子どもがドアを出るまで見送ってあげてください。

加害者に対応する場合

悪質な書き込みやいじめなどのトラブルを起こしてしまった子どもへの対応では、しっかりと相手の性格を考えて対応しなければなりません。今まで教師から叱られた経験が無い優等生タイプの子にネットの書き込みについて学校側が厳しく追求し、厳重注意をしたところ、生徒が思い詰めて命を絶ってしまったというケースがありました（117頁参照）。取り返しがつかないことになる前に、子どもたちの性格をしっかり考えた対応が学校側には求められています。

また、被害者側の子どもの言葉を一方的に信じるのではなく、加害者と思われる子どもの話にも真剣に耳を傾ける必要があります。怒鳴ったり、威圧することは教育ではありません。加害者側の子どもには、本当にまずいことをしたと気付かせることが大切です。

例えば、掲示板にクラスの生徒の誹謗中傷を書き込んだ子どもに怒鳴って注意したとします。すると、その子は怒鳴られた恐怖から、一時的にページを閉鎖したり、書き込みを削除しても、今度は教師に見つからないようにパスワードを設けたり、海外のサーバーを使い、日本の警察や法律が介入できないところで書き込みをしたりすることもあります。間違った対応をすると、余計に教師の目の届かないところでトラブルが広がってしまうのです。場合によっては、前述のケースのように、子どもが自ら命を落とすこともあり得るのです。

いじめの行為だけを責めても、問題解決にはつながりません。いじめの背景になった心理的事実をしっかりと受け止めた上で、いじめの行為に対して心から反省させることが大切です。

集団いじめの加害者に対応する場合

集団いじめの場合は、学年間で協力して複数の教師で対応する必要があります。同時間に別々の場所で一斉に事情を聴くことが大切です（事前に教師間で打ち合わせをして、質問項目を決めておきます）。一人ひとりの話を聴いていくと、ほぼ全員が言い訳じみたことを言ってきますが、言い訳はしっかりと聞いてあげ、言い分は受け止めてあげても、いじめた行為に対しては何があっても許されないという一貫した態度で接します。

加害者側の子どもから事情を聞く時間は、15分から30分くらいに設定し、時間になったら話を聞いた教師で集まり、話の内容を擦り合わせていきます。別々の場所で話を聞いていくと当然、加害者側の子どもたちの話の中に矛盾点が出てくるので、最終的にはいじめの事実を認めるようになります。矛盾点がなくなるまで、何度も繰り返します。

教師は各部屋ごとに2人体制で臨み、一人の教師が退出し、ほかの教師たちと話を擦り合わせている間は、もう一人の教師が、子どもが部屋から出て行ったり、スマホで連絡を取り合わないように注意します。

いじめが確認できた時点で、加害者に責任を取らせなければなりません。犯罪行為があったり、身体的、精神的な傷害があった場合には、加害者また加害者の親には、被害者に対して医療費、損害賠償などを含めた責任をしっかりと取らせます。

犯罪行為と認定される場合は、法的責任を取らせなければなりません。学校は警察との連携には消極的ですが、暴行や犯罪行為があった場合は、当然、警察との連携を図っていく必要があります。いじめの被害者の身の安全をしっかりと守り、問題を解決する支援を徹底的にやっていかなければなりません。被害者本人だけではなく、被害者の家に出向き、被害者家族にも心から謝罪することも大切です。加害者の保護者とも徹底的に話し合い、子どもを非難するのではなく、今後どのようにしていくのがよいかを親自身に考えてもらい、今後、子どもに接する上での方針を明確にしてもらいます。両親がそろっている場合は、必ず両親と教師を交えて話を進めていきます。

いじめの被害者、加害者のカウンセリングは最低1か月間、短時間でも毎日行うようにしましょう。加害者側の子どもには、次のようなカウンセリング手法が有効です。まず、子どもに被害者になりきってもらって、加害者である自分宛てに、いじめられているときにどんな気持ちだったかを手紙に書いてもらいます。日を置いて、その手紙に対する返信を書いてもらいます。このような手段を用いて、いじめられている子の気持ちを理解させていきます。加害者本人との面談の中では、いじめた子に対して、今後どのように接していかなければならないか、どのような誠意を示すかを具体的に提案させて、責任を取ることを自ら考えさせることも大切です。

教師が日頃から教室で生徒と食事をとったり、昼休みを過ごしたり、一緒に掃除をすることにより、いじめは確実に減少していきます。休憩時間のトイレなどの見回りも積極的に行うようにしましょう。また、ネット上で被害者が誹謗中傷されていないか、監視することも大切です。

教師が原因でいじめに発展

いじめはネットに誹謗中傷を書いたり、ＬＩＮＥグループから外したりして、集団で一人を孤立さ

LESSON　ネット被害を減らすには

①　保護者との協力体制をしっかりとる

PTAも巻き込み、家庭でのフィルタリングや迷惑メール受信拒否の徹底をお願いする。また、スマホ利用はリビング等でするように子どもに指導してもらう。

②　生徒会と話し合い、目安箱を設置

生徒会と教員の協力体制を組み、まずい書き込みや嫌がらせを受けた子が気軽に報告や相談ができるような目安箱を作る。

③　先生方の勉強会・対策会議

教師全員が問題意識を持ち実態を把握することが大切です。

④　子ども向けの講演会を年２回程度実施

ただし、携帯会社が主催するような講演会は、スマホ販売促進になるような内容である場合があるので、逆効果の場合があります。

⑤　教員・保護者で、Twitter、Facebook、学校裏サイト、プロフィールサイト、ブログ等を監視する

⑥　月１回匿名アンケートを取り、ネット問題をめぐる子どもたちの現状を把握する

生徒たちが構えるアンケートを実施しても本音を書かないので意味がありません。本音を聞き出す工夫が求められます。

⑦　実際のネットいじめの事例や犯罪をもとにグループ討議をさせる

せることから始まります。毎日、繰り返しネットに誹謗中傷を書かれ、嫌がらせを受け、暴力を振るわれていると、それが当たり前の生活になってしまいます。いじめられている子どもにとっては、いじめられている感覚すらなくなってしまうのです。いじめられている実感がなくなってくると、自分の存在すら否定するようになってしまいます。

子どものいじめの背景には、教師が絡んでいるケースも少なくありません。２００６年に起きた福岡県の中二男子生徒の自殺事件では、担任教師が生徒を「あまおう」「とよのか」「ジャム」「出荷できない」など苺の品種等でランクをつけて呼び、ほかの生徒に対しても「豚」「偽善者」などの問題のある発言を繰り返していました。女子生徒に対しても「お前は太っているから豚だね」と暴言を吐いていました。この担任は、「からかいやすかった」という理由で、亡くなった生徒を罵倒して、クラス内でのいじめを誘発したのです。

このような不適切な発言をする教師は、一部の教師に限ったことではありません。事件が起こってマスコミに取り上げられるまで、表面に出てこないだけで、無意識に行っている教師も多いはずです。生徒をからかったり、馬鹿にしたり、えこひいきをするなどの不適切な言動が無意識に出てしまい、それが原因で子ども間のいじめに発展する危険があることを先生方はしっかり自覚してください。

教師と子どもは友達ではありません。しかし、最近は、友達のような先生が増えています。日常的に子どもとＬＩＮＥなどでやりとりして、学校でも友達のように接していると、子どもを叱ることができなくなり、子どもたちのいじめは当然エスカレートしていきます。教師の言動は大きな影響力があり、いじめの引き金になったり、より深刻化させることにもつながってしまうので、教師は日々の言動を見つめ直さなければなりません。何気なく、ある子どもを馬鹿にするような言動を取ったことがきっかけとなり、いじめが始まることは十分考えられることです。教師がやっていることを真似して、相手を馬鹿にしたり、からかっている間は、自分がいじめられることはないし、教師がやっていることを真似しただけという言い訳を子どもたちはしてきます。

いじめ加害者のカウンセリングをする中で、「あいつ（いじめられっ子）が自殺するのは怖くないが、自分が殺人犯にはなりたくない」と話していたクライエントのことが鮮明に記憶に残っています。いじめの加害者は、いじめることやネット上に悪口を書くことが、いつの間にか快楽に変わってしまい、エスカレートしていく傾向があります。相手を裸にしたり、恥ずかしい行為をさせて動画サイトにアップしたり、ＬＩＮＥで回したりすることにより相手に屈辱を味わわせ、自分の権力に酔いしれるようになります。このような心的外傷を毎日繰り返し加えられることにより、いじめの被害者は加害者に絶対服従してしまうようになっていきます。

子どもの自殺を防ぐために

いじめられている子どもは、いじめのこと以外は何も考えられない状態になります。次から次へと溢れ出てくる苦しみは、いつ尽きるとも知れず、際限がありません。こうした精神状況に陥ってしまった子どもたちの中には、いじめによってジワリジワリと追い詰められることが当たり前だと思い込んでしまう子もいるのです。その結果、自分は生きている価値がない人間だと悩むようになり、次第に自殺を考えるようになります。自殺すれば永久にいじめられることもなくなりますし、仕返しをされる心配もありません。また、自殺することによって、いじめていた相手に仕返しができるといった考えも浮かんできます。いじめの悩みを解消する術はいくらでもありますが、一人で思い悩んでいるうちに「自殺」という解決方法に引きつけられていってしまうのです。

自殺した子どもの遺書を読むと、家族思いの、心の優しい子が多いことがうかがえます。遺書には、家族に対しての謝罪の言葉に続いて、いじめに対する告発が書かれていることが大半です。いじめた子どもたちの名前を挙げ、いじめの事実をこと細かく述べています。憎しみというよりも客観的ないじめの事実のみを書いているケースの方が多いです。いじめられている子どもは、いじめは悪いことだとわかっています。しかし、それを受け入れてしまった自分自身も許せなくなり、自己否定につながります。お金をたかられ、額が増えていくうちに、親のお金に手を出してしまったり、万引きしたりすると、自分自身も許せなくなるのです。いじめや嫌がらせに耐えていたものが、いつのまにか許容量を超えてしまい、孤立状態になったときに最悪の事態を招くことにもなります。周りの大人はいじめにあっている子どもを守らなければなりません。

学校の「担任制」というものにも弊害があります。一つのクラスを一人の担任が受け持つだけでは、子どもは実質上、担任の教師だけにしか相談することができません。ましてや、その担任教師があまり教育に熱心でなかったり、経験不足やいじめなどの知識が少なかったりしたら、子どものことを理解することができない恐れもあります。そうなると、子どもは学校で誰にも相談することができなくなってしまいます。体育の専科の先生が好きで、担任よりもその先生の方が相談しやすいという子どももいるかもしれませんし、隣のクラスの先生の方が、自分の悩みについて適切にアドバイスしてくれるのではないかと感じている場合もあるでしょう。やはり人間同士ですから、相性というのがあるのです。ですが、担任制という制度は、「これだけの児童・生徒のことは、あなた（担任）が責任を持ってやりなさい」といって、様々な素養を持った教師を十把一絡げに扱い、その一人ひとりに子どもたちを機械的に割り当ててしまう制度なのです。これは教える側の「怠慢」とも言えるし、また、責任主義の悪い形だとも言えると思います。この制度では、いじめ問題などが起きても、「担任任せ」になってしまわざるを得ません。現行のやり方では、子どもたちの問題にうまく対応できないことも多々あるのです。

クラスの子どもたちのことを一番よく知っているのは、担任の先生。それはそれでかまいませんが、さらに教師全員が、学校全体で一人ひとりの子どもに対して取り組んでいく姿勢が必要です。これは「子どもたち全員に気を配れ」ということでは決してありません。「あの子は○○先生が担任だから」と、はじめから眼中に入れないような態度は改めましょう、と言っているだけなのです。そうすれば、教師の誰かしらが、何らかの「危険信号」を出している子どものことにもっと早く気づき、その子の担任と相談したり、協力したりするなどして、問題を解決に向かわせることができるはずなのです。

いずれにしろ、子どもの自殺といった事件が起こったとき、「いじめの事実については学校側で把握していなかった」「そんな様子はなかった」などという教育者の言葉は、これ以上聞きたくありません。

いじめがわかったときの学校での対応

学校における対応について以下にまとめてみました。先生方で共有してみてください。

いじめの事実が判明したときは絶対に隠さずに、学校全体の問題として受け止めてください。担任の先生は一人で抱え込まず、校長・教頭・学年主任・養護教諭・スクールカウンセラーともよく相談しましょう。

いじめられている子には「先生はあなたの味方である」としっかり伝えながら、その子どもの保護者と協力して対応しましょう。いじめた側の子どもには、保護者と十分な話し合いの機会を設けてください。

学校では、日頃からいじめられている子どもが相談しやすい雰囲気づくりを心掛けましょう。子どもの逃げ場をしっかり確保することも大切です。保健室・相談室・職員室等、子どもが萎縮して入りづらい雰囲気があってはいけません。また、いじめの兆候を見逃さないためにも、お昼休みは子どもと一緒に食事をとり、教室でお昼休みを過ごしましょう。掃除の時間も子どもと一緒にやるようにしましょう。部活動は子ども任せにせず、必ず顧問がついて指導するようにしましょう。

また、「いじめがいかにひどいことか」という授業を月1回は行うとよいでしょう。または、専門家を招いての授業も有効です。アンケートを1か月に1回は実施し、友人関係やいじめの有無の理解

LESSON 学校で見せる子どものSOSサイン20

1 隣の人の机とぴったりとくっつけない
2 いつもお昼休みに1人でご飯を食べている
3 お昼休みに廊下をうろうろ1人で歩いている
4 成績が急に下がる
5 用具・机・椅子などが散乱している
6 机の中にごみが散乱している
7 1人だけ遅れて教室に入る
8 席を替えられる
9 保健室によく行くようになる
10 ひどいあだ名で呼ばれている
11 授業中、ふざけた質問をする
（無理やり、ふざけた質問をさせられている可能性がある）
12 授業中発表すると冷やかされる
13 グループ分けでは、いつも孤立する
14 物を隠されたり、教科書・ノート・机・持ち物にいたずら書きをされる
（ノート提出時に不自然にノートが破られていないかもチェック。筆圧が弱く、小さく弱々しい字が目立つ）
15 作文などでいじめや死に関する内容が書かれている
16 いつも、うつむきかげんで、泣いていたような気配も感じられる
17 声が小さく、目を合わさず、おどおどしている
18 忘れ物が多くなる
19 制服が汚れていたり、髪が乱れていたりする
20 遅刻・早退・欠席が増える

につとめてください。子どもだけでなく、保護者にもアンケートをとるのが望ましいです。子どもたちとは、折りに触れ一人ひとりと十分な話し合いを行いましょう。

スマホ時代に求められる教師像

求められる教師像は、時代の進展とともに変化してきています。グローバル化や情報化など社会の急激な変化に伴い、今まで通じた教育法が時代と共に通用しなくなることも当然考えられます。子どもたちをいじめの被害者にも加害者にもさせないために、犯罪に巻き込ませないために、今の子どもたちの現状を把握して、教師も日々努力を重ねなければなりません。古い考えに縛られてはいけません。教師も成長していかなければならないのです。

新任の教師の中には、Ｆａｃｅｂｏｏｋで校長の悪口を書いたり、Ｔｗｉｔｔｅｒで、職員会議の内容をつぶやいたり、ＬＩＮＥで特定の生徒とやりとりをして、生徒と恋人関係になるなどの問題行動を起こす教師もいます。教師という立場をしっかり考え、行動しなければなりません。

また、今の時代、学校から離れても、常に見られているということを忘れてはいけません。忘年会で酔っぱらって、人に絡んでいるところをＹｏｕＴｕｂｅにアップされ、学校名で検索をかけるとその先生の醜態がヒットしてしまうので削除してほしいという相談もありました。教師自身も子どもたちのお手本になる行動をとらなければなりません。教師が歩きスマホをしていたり、職員室で、教材作成のふりをしてタブレットでゲームをやるなどあり得ないことです。

小学校高学年くらいから、子どもたちは論理的、客観的なものの見方ができるようになるため、教師は早いうちから適切なネットの使い方を教えていかなければなりません。そのために保護者との協力体制も必要となります。しっかりと指導ができていれば事故や事件を未然に防ぐことができます。

ネット社会では顔もわからない不特定多数の相手と接することがあるため、ネットを問題なく使いこなすには高いモラルが必要となってきます。教師はこれからの情報化社会に適応できるように子どもたちを導いていかなければなりません。子どもたちからネット絡みの相談があったときでも、しっかりと対応できる力を身につけてほしいと思います。

COLUMN

教え子にLINE1000回

2013年11月、愛知県の県立高校に勤める男性教諭が、教え子の女子生徒にLINEで不適切なメッセージを送っていたなどとして、同県の教育委員会は男性を停職3か月の懲戒処分にしたという報道がありました。

男性教諭は、1か月間に約1000通のLINEのメッセージを送り、「いつもきれいだよ」「好きです」といった内容を送っていました。さらに、別の生徒や同僚教師を批判するメッセージも送っていたことがわかりました。生徒の母親がやりとりに気付き、学校側に抗議したことで発覚しました。男性教諭は、やりとりをしているうちに、生徒に好意を抱いてしまったといいます。同校は教員と生徒との私的なメール交信を禁止していました。

第2節　スマホ時代の子どもと向き合う〔保護者の皆さんへ〕

親として知らなければならないこと

スマホはパソコンです。そのスマホを子どもに買い与えている親はスマホを使いこなせているかというと、そうでもありません。「私は使えません。わかりませんから」という親が多いのですが、これでは無責任です。例えば、子どもが包丁を使いたいと言ったら、持ち方から教えていかなければなりませんね。「お母さんもあまりうまくないけど、包丁は危険だからね。手も切ることもあるし、人に刺さったら危ないから、お母さんと一緒にちょっと勉強しようか」と言うのが普通です。包丁を渡して「はい。自由に使いなさい。何に使ってもいいよ」などと言う親はいるでしょうか。

操作方法もわからずにスマホを買い与えるということは、それと同じことをやっているということです。「わかりません」の一言で済ませるような親にならないでください。本気で自分の子どものことを救おうと思うのであれば、わかるように努力しなければいけないのです。時代は変わっていくのです。それについていけるようにしなければ、親は自分の子どもは守れません。教師にも同じことが言えます。

ネットいじめにあっている子はなぜ保護者や教師に相談しないのか？

ネットいじめは24時間365日続き、どこにも逃げ場所がありません。ネットいじめの被害者は、いじめられているという現実を認めたくないので、嫌な現実を心の奥底に押し込めてしまうことがあります。心の奥底に押し込めた感情は、発熱や腹痛、頭痛、吐き気などの身体的症状として現れることがよくあります。現実逃避からネットの書き込みを見ないようにすると、余計気になって不安定になり、寝付けなくなったり、嫌な夢ばかり見て、心が落ち着くときがなくなり、追い詰められてしまうこともあります。

ネットでいじめを受けている子どもたちは、必死にいじめられている理由を探そうとします。そして、多くの子どもたちは「自分がどうしようもない人間だからネットに悪口を書かれているんだ」と思い込んでしまいます。いくら考えても悪口を書かれたり、ネットで嫌がらせをされている理由がわからなければ「自分が駄目な人間だから誹謗中傷されている」という考えになってしまうのです。

ネットでいじめられている子どもには、非常に低い自己評価が表れます。罵声や否定的な言葉を書き込まれ、有形無形の嫌がらせをされるうちに、自分を肯定できなくなってしまいます。「生まれてこなければよかった」「どうして生きているんだろう」「みんなから嫌われている」という思いが生まれ、自分は誰からも愛されることはないと思い込んでしまいます。中には、ネットいじめに対して「ひどい」という感情を持つよりも「自分が悪いからこうなった」「全て自分のせい」というように、自分に原因があるとマインドコントロールされてしまう子もいます。「これから生きていても誰からも愛されない」「自分の居場所はどこにもない」といった考えを持つようになった子どもたちの心の奥には、深い悲しみ、絶望、怒りが存在します。そんな苦しい状態にいるにもかかわらず、子どもたちは、ネットいじめにあっても親や教師に相談しないことが多いのです。それはなぜでしょうか。

ネットいじめにあっている子どもは、自分がいじめられていることを現実として認めたくないのです。自分がいじめられていることを親に話すということは、いじめが現実に起こっていることとして認めることになるのです。また、親に話すと、親から教師に伝わり、教師がクラスで話すことにより、ネットいじめがエスカレートしたり、自分がみじめになり、完全にクラスの中にも自分の居場所がなくなるのではないかと考えます。子どもにもプライドがあるので、親や教師にだけは、自分がネットで悪口を言われていることは知られたくありません。

また、優しい子どもほど、どんなにネットいじめが酷くても「親には心配をかけたくない」とか「親を悲しませたくない」と思ってしまい、親に相談しないということもあります。親が心配性で子どものことで気をもみすぎ、動揺したり、小さなことをいつまでもグチグチ言ったり、大騒ぎしたりする場合は、子どもはその反応を嫌い、本音を話せなくなってしまいます。

親が威圧的で「何でお母さんの言うことが聞けないの?」「あなたのためを思って言っているのよ?」など、子どもの話を最後まで聞けず、親の考えを日頃から一方的に押し付ける場合、また「こうすべきだ」「こうしなさい」など親の考えを押し通す場合などのケースでは、子どもは親が怖くて本音が言えません。失敗を認めず、子どもが思い通りにならないと「情けない」「何回言ったらわかるの？」と説教する親だと、子どもはいつも親の顔色をうかがうようになり、相談できなくなってしまいます。

心に余裕を持ち、優しい微笑みを浮かべていると、子どもは必ず親に困ったことを相談します。子どもが相談してきたときは、掃除や食事の支度の最中であっても、手を休め、子どもの側に座り、しっかりと耳を傾け、最後まで話を聴くことです。子どもの話をさえぎって途中で意見を言ったり、親がまくし立てて話を聞き出すことも絶対にしてはいけません。

子どもは、「○○ちゃんから『死ね』って言われた」「ネットで悪口を書かれた」など、自分の都合のよいことしか話さない場合がありますが、本来は本人に非があることもかなりあります。話は一日で聞き出そうとせず、毎日じっくりと子どもと話し合うことが大切です。話を聴いていると矛盾点から子どもの嘘は見破ることができます。一番大切なことは、とにかく子どもの話を黙って頷きながら聴くこと、「つらかったね」と共感すること、「あなたの味方だよ」という言葉を常にかけることです。間違っても「何で今まで黙っていたの？」「そんなことで逃げていてどうするの？」「あなたにも何か問題があるんじゃないの？」などと子どもを追い詰めることはしてはいけません。

いじめがわかったときの家庭での対応

いじめがわかったとき、家庭では、まず「つらかったね」と共感することを大切にしてください。

LESSON 家庭で見せる子どものSOSサイン24

1. 学校の話題・友達の話題をしなくなる
2. 妹・弟をいじめるようになる
3. LINE、メールが来ても、親の前で見なくなる
4. ケータイが鳴っても親の前で取らなくなる
5. 成績が急に下がる
6. 親が話しかけても「ボー」っとして他のことを考えていることが多くなる
7. 学校用品をなくすことが多くなる
8. 親のお金に手を出すようになる
9. お金の使い方が荒くなる
10. 学校用品に落書きや破損の跡が見受けられる
11. 髪の毛が不自然に切られていたり、体に見慣れない傷・痣がある
12. 大笑いすることがなくなる、または、顔が笑っていてもひきつるようになる
13. 食欲がなくなる
14. 不眠が続く、または寝ていてもうなされることが多く、朝、寝汗でびっしょりになることが多くなる
15. よく炭酸飲料を飲むようになる
16. 微熱・吐き気・腹痛・頭痛を訴えることが多くなる
17. 休みの日に親と外出したがらなくなる
18. 朝、なかなか起きてこなくなる
19. 朝、トイレに入るとなかなか出てこなくなる
20. 友達が家に遊びに来なくなる
21. ため息が多くなり、親と目を合わせるのを避けるようになる
22. 今までと雰囲気の違う友達と付き合うようになる
23. 妙に暗くなったり、キレやすくなる
24. 年賀状がまったくこなかったり、または嫌がらせの年賀状がくる

子どもの話を頷きながら、しっかり耳を傾けながら聴くこと。「なんで今まで黙っていたの？」「そんなことで逃げててどうするの？」「でも、あなたにも何か問題があるんじゃないの？」などの言葉は言ってはいけません。また、「どんないじめにあっているの？」と一気にまくしたてることはしてはいけません。子どもの頭の中も整理させながら、時間をかけて子どもから話を聴いてください。子どもに起きていることを正確に知り、子どもがどんな気持ちでいるのかをじっくり聴くことが大切です。いじめている相手がわかった場合でも、相手の家に直接電話を入れたり、直接相手の家に押しかけないでください。子どもが萎縮してしまいますし、相手の親も自分の子どもがかわいいので、逆に言い争いになるケースが多いのです。

事実関係がはっきりすれば、できるだけ詳しく紙にまとめておきましょう。いじめメールやＬＩＮＥの履歴、ブログの書き込み、ノートの落書きなどの物証があれば、全てそろえておいてください。

学校と相談する段階になったら、担任の先生の都合のよい日時を電話で確認し、後日、夫婦そろってスーツなどの正装で訪問しましょう。いきなり、本題に入るのではなく、まず、日頃のお礼を言ってから、事実関係をまとめた紙と物証などを出し、冷静に、担任の先生と話し合うようにしてください。担任に渡すのはコピーで、原本は必ず家庭に保管しておきましょう。また、話し合いの内容は、必ずボイスレコーダー等で録音させてもらいましょう。

現状を伝えてから、解決までの方向を具体的に、お互いの意見を出し合いながら決めていきます。決まった内容は文章にまとめてもらい、家庭でも1部保管します。担任との話が平行線の場合は、学年主任・教頭・校長に相談しましょう。

同時に、学校だけでなくＰＴＡでも意見交換を行い、親同士のつながりを強化していくことも大切です。相談機関にも電話をして、さまざまな知恵も借りるのもよいでしょう（資料４「困ったときの相談先」136頁を参考にしてください）。

担任の先生には、お昼休みや掃除の時間、子どもたちと一緒に過ごしてもらい、子どもの状況や人間関係に注意を払ってもらうようにお願いします。

上記のような手段を講じても、解決策が見えないときは、転校を考える必要があるでしょう。また、一時的に学校を休ませ、交渉を継続しなければならない場合もあります。

忘れた頃にいじめが再発することもあるので家庭では何でも話せる雰囲気づくりを常に心掛けましょう。どんなことがあろうといじめはいけないことです。しかし、子ども自身に、他の子と上手に付き合う能力が乏しい、ということも否めない場合もあります。これは、子ども自身の問題というよりも、そのように育ててしまった、親にも少なからず原因があることを忘れてはいけません。仮に、今のいじめが解決したとしても、またほかの学校に行けば、いじめの対象になりかねません。親としては、認めがたいことですが、目をそむけてはいけません。「お前にも悪いところがあるんじゃないか？」などと、子どもを責めてはいけません。まず、親自身が自分たちの子育てを見つめ直す必要があるのです。

大人としてやるべきこと

ある高校でこんなことがありました。高校一年生になって、初めてケータイを買ってもらった子が、嬉しくなってケータイからいろんな書き込みをして遊んでいました。書き込みは、どんどんエスカレートしていきました。それが学校に見つかると、学校はすぐ職員会議を開き、警察にも書き込んだ犯人を特定してほしいと依頼したのです。そして書き込んだ犯人がその男の子だと特定されました。中学校の頃は生徒会の役員もやって、成績優秀。真面目で一生懸命で友達も多い。親にとっても自慢の息子でした。学校側はその子を呼び出し、生徒指導部長、学年主任、その子の担任の3人でその子に

「お前がやったことは犯罪なんだ。お前は取り返しのつかないことをやってしまったんだ。どう責任取るんだ。明日からお前は学校来なくていいから、しっかり家で反省しろ」

とかなり厳しい説教をしました。その子は血の気が引いて青ざめて、家に帰ったのです。お父さんが家に帰ると、家の電気が全部消えていました。その子は自分の命を絶ってしまったのです。男の子はノートを破って殴り書きで遺書を書いていました。「お父さん、ごめんね」の一言が綴られていました。

そんなことで命を絶つような子どもに育ててはいけないのです。命の大切さというのは、普段の何気ないコミュニケーションから子どもたちは学んでいきます。「命が大切だ」なんて言わなくても、子どもというのは「どんなことがあっても命は絶っちゃいけない」ということを学んでいくのです。

それがスマホに縛られて、スマホ片手にご飯を食べ、食べ終わったら自分の部屋にこもる。これでは、子どもの異変に気付けるわけがありません。親が、子どもの異変に気づかないような親になってしまっていることが問題なのです。

自分の子どもの心の変化に気付かないような親になってはいけません。きちんと顔を見合わせてのコミュニケーションを毎日していたらわかるのです。いくら隠そうと思っても、人間は表情に出ます。それに気付かなかったこと自体がおかしいのです。ほころびはどんどん大きくなっていきます。けれど、親としてやるべきことをきちんとやっていけば、子どもの命を守っていくことができるのです。

資料

Manual

トラブル防止・解決の手引き

資料1　Q&A

全国webカウンセリング協議会によく寄せられる相談を子ども編・教師編・保護者編として、それぞれの対象に合わせてまとめました。どうぞご参考にしてください。

子ども編

Q

友達と芸能人のファンサイトを共同で作成していました。管理用のIDとパスワードも共有していたのですが、友達にパスワードを勝手に変更され、アクセスできなくなってしまいました。どうしたらよいでしょうか。

A

サイトにアクセスできるようにするには、サイトの管理者へ問い合わせることで、パスワードの再発行などの対応がされる可能性がありますが、その前に、なぜ友達は勝手にパスワードを変更したのか考えてみましたか？　まずは友人関係の原因を解決することが大切です。

Q 毎日ブログを書いているのですが、最近記憶にない書き込みを発見しました。誰かが私のIDとパスワードを使って、勝手に書き込みをしているようです。気味が悪いので、犯人を突き止めたいのですが……。

A まずはすぐにパスワードを変更することです。放置していると「乗っ取り」の危険があるので、すぐに対応しましょう。不正にアクセスしたユーザーを特定するには、警察に被害届を提出した上で捜査が必要となります。

Q 掲示板で、私の誹謗中傷の内容やハンドルネーム、携帯のログIPを載せられてしまいました。個人情報にあたるので、すぐに消してほしいのですが、どうすれば削除できますか？

A 掲示板管理者へ掲示板URLと削除依頼理由を明記の上、削除依頼を行うことができます（詳しくは、資料3「掲示板・Twitterでの投稿の削除依頼」129頁を参考にしてください）。ただ、ログIPなどは個人情報として扱われず、削除対応されない場合もあるので、注意してください。

Q

学校に「お宅の生徒さんが、Ｔｗｉｔｔｅｒに裸の画像を載せて、卑猥な書き込みをしている」と匿名で電話がありました。Ｔｗｉｔｔｅｒを確認したところ、女子生徒のプリクラと顔から下の胸の画像が載っていて、卑猥な書き込みがありました。本人の名前も書いてありました。どのように指導すべきですか？

A

本人のプリクラと、顔から下の裸の画像が別個に貼られているのは不自然です。本人が作っているとは特定できません。

まずは、本人に「誰かがあなたのプリクラを使って勝手にＴｗｉｔｔｅｒに投稿している可能性がある。確認の上、親に相談して、警察に被害届を出して捜査してもらうように」と伝えてください。もし、本人が作っている場合は、慌ててすぐに削除するでしょう。第三者が作っていた場合も、警察が捜査すれば、なりすましでＴｗｉｔｔｅｒをやっていた犯人も特定できます。そのまま放置すると、その生徒の将来に悪影響を及ぼしかねません。すぐに対応してください。

Q

ネット上にほかの生徒の個人情報と悪口を書いた生徒に対して、学校側は3日間の謹慎処分にしましたが、被害者側の母親がそれに納得せず、加害者に対してもっと重たい処分を出すように言ってきました。どのように対応すればいいですか？

A

保護者がクレームを言ってきたからといって、処分を変えることはよくありません。学校としての考えをしっかりと伝え、処分を変えない旨を伝えてください。

Q

Ｔｗｉｔｔｅｒに問題のある書き込みをしていた生徒に指導をして、アカウントを削除させたのですが、まだ完全に消えずに残ってる様子です。どのようにすれば完全に削除できますか？

A

Ｔｗｉｔｔｅｒは、スマホのアプリやスマホサイトからアカウントの削除や退会はできません。ＰＣサイトを表示して、ＰＣサイトからアカウント削除をすることにより退会することができます。なお、アカウントを削除する際には、連携アプリの解除を忘れずに行ってください（詳しくは、資料３「掲示板・Ｔｗｉｔｔｅｒでの投稿の削除依頼」129頁を参照してください）。

Q 学区の中学生が、掲示板で書き込みされています。「伝説の裏ランキングぅ」という海外のプロバイダのもので、日本語と英語で削除依頼をしましたが、なかなか削除されません。どの国のプロバイダなのかもわかりません。法務局でも、海外のものは手が出せないとお手上げ状態です。この男子生徒は学校へ行きたくないと家で引きこもり寸前の状態です。

A 海外のプロバイダに学校裏サイトや掲示板サイトが作成された場合、サイト管理者を特定することは難しく、日本と同じように対応することは非常に難しいです。管理者へ管理国の言語で依頼を送ることもできますが、対応される保障はありません。現状の対策としては、情報モラル教育を学校全体で取り組んでいくという予防をするほかありません。

保護者編

Q 中学生2年生の娘のスマホの請求金額が8万円に上っていたことがわかりました。口座振替のため、毎月の請求金額を確認していなかったのですが、残高を確認すると、5~8万円の請求が3か月間続いていました。パケット通信費を定額プランにしていなかったために高額な請求となったようですが、この場合、支払う必要はあるのでしょうか？

A

スマホは簡単に様々なサイトにアクセスすることができます。パケット通信費無制限のプランに加入していない場合、少しのサイトを閲覧しただけで、高額の通信費が請求される場合があります。通信事業者へ問い合わせることにより、さかのぼって無制限のプランへ訂正の契約ができる場合もありますが、確実ではありません。また、返金となった場合も、一契約につき一回のみの返金など、制約も多くありますので、各携帯会社に相談してみてください。

資料2　フィルタリングの設定方法

設定によってフィルタリングをかける

①　iPhone、iPad、iPod touch

iOSの機能制限（ペアレンタルコントロール）を利用することで、iPhone、iPad、iPod touchで利用できる各種機能・サービスを子どもの年齢に応じてオフにすることができます。詳しくは、Apple社HP「iPhone、iPad、およびiPod touchで機能制限を使う」(https://support.apple.com/ja-jp/HT201304) を参照してください。

設定方法

❶「設定」→「一般」→「機能制限」の順にタップして、機能制限を有効にします。

❷「機能制限を設定」をタップして、4桁の機能制限用パスコードを入力します。設定の仕方は、最初に機能制限を設定する際に、パスコードの設定を求められるので入力するだけです。このパスコードを忘れた場合、iPhoneを初期化しなければならなくなる可能性が高いので注意してください。後からパスコードを変更する場合は、機能制限を解除し、再び機能制限を設定します。再設定の際に、新しいパスコードを入力してください。

❸　機能制限は、子どもの年齢に応じて設定してください。設定を変更したり、機能制限を解除したりする際には、同様に❶～❷の順序を踏みます。

②　「ニンテンドー3DS」

ニンテンドー3DSは、「保護者による使用制限機能」を利用することで、子どものゲームの利用や、インターネットによるソフトのダウンロード、ほかのユーザーとの通信機能等を制限することができます。また、ユーザーが無料で利用できるフィルタリング機能「i―フィルター　for　ニンテンドー3DS」によって、インターネットブラウザーの使用を制限することもできます。詳しい設定方法は、任天堂HP「ニンテンドー3DSの「保護者による使用制限機能」について」（https://www.nintendo.co.jp/support/parental_control/3ds/）を参照してください。

有料サービスを使ってフィルタリングをかける

①　Android携帯

デジタルアーツ株式会社が有料で提供する「i―フィルター　for　Android」は、非常に高性能なフィルタリングサービスで、日本PTA全国協議会でも推薦されています。「アプリフィルタリング機能」では、32種のアプリカテゴリーから子どもに使わせたくないアプリカテゴリーを選ぶことで、カテゴリーごとに利用禁止にできたり、特定のアプリだけ個別に許可することもできます。また、子どもの生年月日を入力するだけで、自動的にアプリフィルターを推奨強度に設定するなど、簡単に子どもの成長に合わせた制限設定をすることができます。詳しいサービス内容や設定方法については、デジタルアーツ株式会社「概要―「ｉ-フィルター ｆｏｒ Ａｎｄｒｏｉｄ」」（http://www.daj.jp/cs/products/smartphone/ifandroid/）を参照してください。

携帯会社のサービスを使ってフィルタリングをかける

次のフィルタリングサービスは、各携帯会社が提供している子ども向けのフィルタリングサービスです。基本的には無料で利用できるものですので、ぜひ子どもの年齢や利用状況に合わせて設定してみてください。サービスの内容によっては、有料のもの、申込みが不要・必要なもの等、様々な条件がありますので、それぞれのホームページを確認するか、各携帯会社に問い合わせてみましょう。

・ドコモ「アクセス制限サービス」
（https://www.nttdocomo.co.jp/service/access_limit/）
・ａｕ「安心アクセスサービス」
（http://www.au.kddi.com/mobile/service/featurephone/safety/anshin-access/）
・ソフトバンク「ウェブ安心サービス（フィルタリングサービス）」
（http://www.softbank.jp/mobile/service/web_safety/）

資料3　掲示板・Ｔｗｉｔｔｅｒでの投稿の削除依頼

削除依頼の注意点

削除依頼を行う際には、以下のことに注意が必要です。

① 個人名等は記載しない

ウェブサイトの管理者は、削除依頼の申請者によって対応を考慮することはありません。掲示板サイトなど、管理者が明確ではない場合には特に、依頼者の個人名等を記載する必要はありません。

② 掲載箇所（サイトＵＲＬ）を明確に伝える

③ 依頼理由を明確に伝える（個人情報・誹謗中傷など）

④ 直接サイトへは警告文などは投稿しない

サイト管理者への削除依頼を行った場合、１週間程度の時間がかかる場合があります。対応がなかなかされないと焦って、掲載サイトへ直接警告などを投稿することは非常に危険です。

管理者の連絡先が不明な場合や、掲示板等のプロバイダを調べるには

掲示板等の管理者の連絡先がわからない場合や、管理者に削除依頼しても対応されなかった場合に、プロバイダ（掲示板のサービスを提供している会社）を調べたいときは、「Ｗｈｏｉｓサービス」（ＩＰアドレスやドメイン名の登録者などに関する情報を誰でも参照できるサービス）を使います。ＷｈｏｉｓサービスでⅠ「キーワード」にＩＰアドレスかドメインを入れると、プロバイダとその情報がわかります。

プロバイダがわかったら、削除依頼の前に、ＩＰアドレス等のログの保存をプロバイダに要請しましょう。サイト管理者がわかっている場合は、サイト管理者に要請してください（「ログをすでに廃棄してしまった」と言われてしまえば、そこで追跡ができなくなる可能性があります）。

その後は前述のとおり、管理者に削除依頼をしてください。管理者が削除に応じてくれない場合は、プロバイダへ削除依頼を行うという流れです。

※「ドメイン」とは

サイトのアドレスが「http://www.●●●.○○○.jp/」ならば、ドメイン名は「●●●.○○○.jp」です。http://www.の次に続く、英数字の組み合わせがドメイン名で、どのドメインも末尾は、.com. net .info .org .biz .mobi .asia .jp .co.jp .ne.jpなどで終わるようになっています。

主な掲示板サイト等の削除依頼の仕方

主な掲示板サイト別の削除依頼方法です。子どもたちがよく利用している掲示板サイトやＴｗｉｔｔｅｒの書き込み・ツイートの対処方法をまとめましたので、ご参考にしてください。

〈キャスフィ〉

各スレッド（話題／トピック）の下部にある削除依頼フォーム（各スレッド下部にリンクがあります）から削除依頼ができます。そのフォームから詳しくレス番（書き込みナンバーのこと）や状況を書くと比較的早く対処してもらえます。レス番指定をしない場合は優先順位が下がるため、レス番号指定で削除依頼をしてください。

〈ＭＩＬＫ ＣＡＦＥ〉

トップページの「運営・管理」のところから、「削除依頼掲示板」をクリックします。削除を要請する場合は、「削除ガイドライン」をお読みの上、削除依頼をしてください。名前のところには、「削除依頼者」と書き、該当箇所のリンクを貼り、「荒らし」「誹謗中傷」「個人名」など、違反にあたる内容を簡潔に書いてください。

〔したらば掲示板〕

掲示板管理者に対して削除依頼や要望などを送付する場合は、ＰＣにて、掲示板のトップページ（スマートフォンの場合には、ページの下部にＰＣ版へのリンクが表示されますので、そちらをタップして切り替えてご利用ください）を表示すると、画面一番左下に「掲示板管理者へ連絡」のテキストリンクがあるので、そちらをクリックしてください。テキストリンクが見当らない場合は、次のような対応をとってください。

① テキストリンクが表示されるのは掲示板のトップページのみです。「掲示板に戻る」のリンクをクリックし、掲示板のトップページに移動してください。

② スマートフォン版の掲示板トップページＵＲＬを表示している場合には、「掲示板管理者へ連絡」のテキストリンクは表示されません。スマートフォン版のＵＲＬに含まれている「ｌｉｔｅ」の表示を削除してご確認ください。

管理人が削除に応じない場合は、トップページにある運営元の問い合わせフォーム（「プライバシーや権利の侵害についてのお問い合わせ」）から、ガイドラインに違法している旨の通報をしてください。

〔爆サイ.com〕

トップページにある「削除依頼について」をよく読んでから、該当掲示板の下にある「削除依頼」から通報します。次の①～⑦の項目を記入の上、「削除依頼をする」をクリックして、送信してください。

①　スレッドNo（必須）
②　スレッドタイトル（必須）
③　レス番号（必須）
※レス番号は一度に1つまでです。「1,2」や「1-5」のようには送信できません。スレッド自体の削除依頼をする場合は「0」を入力してください。
④　通報区分（必須）：個人情報の記載・荒らし／連投／いたずら・その他
⑤　依頼者名：「削除依頼者」としてください。
⑥　返信用メールアドレス（必須）
※必ず「info@bakusai.com」からのメールを受信できるようにドメイン指定受信設定をしておいて下さい。削除する内容によって確認のメールが届く場合があります。なお、上記確認が取れない場合は削除してもらえない場合があります。
⑦　削除依頼理由（必須）

〔学校BBS〕

依頼をする際は「削除ガイドライン」をよく読んでから、依頼してください。スレッドを削除する場合は、各スレッドナンバー1番の投稿の「削除依頼」のリンクをクリックし、必要事項を記入します。各レスを削除依頼する場合は、同様に必要事項を記入して該当レスの削除依頼を出します。必要事項は、どちらも名前・メールアドレス・削除依頼理由（30字以内）の記入が求められます。名前は、「削除依頼者」とし、メールアドレスは、返信用のアドレスを記入してください。削除依頼理由は、簡潔に書くようにしてください。

〔2ちゃんねる〕

「削除ガイドライン」、「削除依頼の注意」を読み、「削除依頼フォーム」から削除依頼を行います。2ちゃんねるは削除に応じてくれないケースも多いです。その場合は、裁判所の仮処分決定を得て、削除を依頼するのが一番確実です。2ちゃんねるのルールとして、裁判所から削除を命じられたものについては削除する、ということになっています。

〔Twitter〕

Twitter等のSNSサイトでのトラブルの場合、サイト管理会社への通報等で対応が可能な場合もあります。しかし、SNSサイトは本来ではリアルなコミュニケーションサービスとして利用されているため、発信者が特定できる場合が多いです。発信者が特定できている場合には管理者への依頼等ではなく、根本的な原因解決のためにも当事者への指導や、問題解決が重要となります。

相手の特定できない場合など、被害を受けた場合にはヘルプセンター（https://support.twitter.com/）の情報を参考の上、ケースに応じて対応する必要があります（URLが変更となり、アクセスできない場合には『Ｔｗｉｔｔｅｒ　ヘルプセンター』等のキーワードで検索してください。）。

また、何らかのトラブルなどでＴｗｉｔｔｅｒのアカウントを削除する場合には、以下の点に注意して対応する必要があります。
①　連携アプリの設定を解除する
②　ＰＣサイトの設定からアカウントを削除する
Ｔｗｉｔｔｅｒはスマートフォンのサイトやアプリからではアカウントを完全に削除することができず、情報が残ってしまうケースがあります。必ず、連携アプリを確認の上、ＰＣサイトから対応を行ってください。

資料4　困ったときの相談先

いじめについての相談

●文部科学省「24時間子供SOSダイヤル」（全国共通）

いじめ問題に悩む子どもや保護者等が、いつでも相談機関に相談できるように、夜間・休日を含めて24時間対応をしています。

☎　0570−0−7《な》8《や》3《み》10《言おう》

その他、各都道府県の相談窓口については「都道府県のいじめ相談窓口等一覧」を参照してください。

いじめや犯罪などの人権問題についての相談

●法務省「子どもの人権110番」（全国共通）

いじめ、引きこもり、不登校などの子どもの人権侵害についての相談窓口です。法務局・地方法務局の人権擁護事務担当職員及び人権擁護委員（子どもの人権専門委員）につながります。

☎　0120−007−110（平日8：30〜17：15）

※一部のIP電話からは接続できません。接続できない場合は、「子どもの人権110番（有料）

電話番号一覧」の電話番号をご利用ください。

●法務省「インターネット人権相談窓口」

法務省の人権擁護機関では、インターネットで人権相談を受け付けています。

http://www.moj.go.jp/JINKEN/jinken113.html

https://www.jinken.go.jp/soudan/mobile/001.html

●弁護士会「子どもの人権相談窓口」

各地の弁護士会で、子どもの権利に関する様々な相談をすることができます。日本弁護士連合会HP「弁護士会の子どもの人権に関する相談窓口一覧」に各地の相談窓口が掲載されていますので、参照してください。

http://www.nichibenren.or.jp/activity/human/child_rights/contact.html

サイバー犯罪についての相談

●都道府県警察本部「サイバー犯罪相談窓口」

なりすまし等の不正アクセス、児童ポルノ画像の流出、架空請求などのインターネットを悪用した犯罪については、各都道府県警察本部のサイバー犯罪相談窓口に相談することができます（「都道府県警察本部のサイバー犯罪相談窓口等一覧」を参照してください）。問題が深刻化する前に相談することが大切です。

都道府県のいじめ相談窓口等一覧

都道府県	相談窓口名称・運営主体	運営主体	電話番号 開設時間
北海道	子ども相談支援センター	北海道教育委員会	0120–3882–56 24時間受付
	少年相談110番	北海道警察本部 少年サポートセンター	0120–677–110 8：45～17：30（月～金）
青森県	24時間子供SOS ダイヤル	青森県教育委員会	017–734–9188 24時間受付
	ヤングテレホン	青森県警察本部	0120–587867 8：30～17：00
岩手県	いじめ相談電話	岩手県教育委員会	019–623–7830
	ヤング・テレホン・ コーナー	岩手県警察本部 少年サポートセンター	019–651–7867 9：00～18：00（月～金）
宮城県	子どもの相談ダイヤル	宮城県総合教育 センター	022–784–3569 9：00～16：00（月～金）
	いじめ110番	宮城県警察本部	022–221–7867 24時間受付
秋田県	すこやか電話	秋田県総合教育 センター	018–873–7206 8：30～17：00（月～金）
	やまびこ電話	秋田県警察本部	018–824–1212 24時間受付
	チャイルド・セーフティ センター	秋田県警察本部	018–831–3421 24時間受付
山形県	いじめ相談ダイヤル	山形県教育センター	023–654–8383 24時間受付
	ヤングテレホン	山形県警察本部 少年サポートセンター	023–642–1777 24時間受付

都道府県	相談窓口名称・運営主体	運営主体	電話番号 開設時間
福島県	ダイヤルSOS	福島県教育センター	0120-453-141 10：00～17：00（月～金）
	いじめ110番	福島県警察本部	0120-795-110 9：00～17：00（月～金）
茨城県	子どもの教育相談	茨城県教育委員会	029-225-7830 9：00～24：00（毎日）
	少年相談コーナー	茨城県警察本部 少年サポートセンター	029-301-0900 8：30～17：15（月～金）
栃木県	さわやかテレホン	栃木県教育委員会	028-665-9999（子ども用） 24時間受付
	家庭教育ホットライン	栃木県教育委員会	028-665-7867（保護者用） 8：30～21：30（月～金） 8：30～17：30（土）
	ヤングテレホン	栃木県警察本部	0120-87-4152 9：00～16：00（月～金）
群馬県	いじめ相談電話	群馬県総合教育 センター	0120-889-756 9：00～19：00（月～金） 9：00～15：00（第2･第4土曜）
	少年相談	群馬県警察本部 少年育成センター	027-221-1616 8：30～17：15（月～金）
埼玉県	よい子の電話教育相談	埼玉県総合教育 センター	048-556-0874（保護者用） 0120-86-3192（子ども用） 24時間受付
	ヤングテレホンコーナー	埼玉県警察本部	048-861-1152 8：30～17：15（月～土）
千葉県	子どもと親の サポートセンター		0120-415-446 24時間受付
	ヤング・テレホン	千葉県警察本部 少年センター	0120-783-497 9：00～17：00（月～金）

都道府県	相談窓口名称・運営主体	運営主体	電話番号 開設時間
東京都	いじめ相談ホットライン	東京都教育相談センター	0120-53-8288 24時間受付
東京都	ヤングテレホンコーナー	警視庁少年相談室	03-3580-4970 8：30～20：00（月～金） 8：30～17：00（土日祝）
神奈川県	いじめ110番	神奈川県立総合教育センター	0466-81-8111 24時間受付
神奈川県	ユーステレホンコーナー	神奈川県警察本部少年相談・保護センター	045-641-0045 または　0120-45-7867 8：30～17：15（月～金）
新潟県	悩みごと相談テレホン	新潟県立教育センター	025-263-4737 9：00～16：00（月～金）
新潟県	新潟少年サポートセンター	新潟県警察本部	025-285-4970 8：30～17：15（月～金）
富山県	いじめ専用電話	富山県総合教育センター	076-444-6320 24時間受付
富山県	ヤングテレホンコーナー	富山県警察本部	0120-873-415 8：30～17：15（月～金）
石川県	24時間子供SOS相談テレホン	石川県教育委員会	076-298-1699 24時間受付
石川県	いじめ110番	石川県警察本部	0120-617-867 24時間受付
福井県	教育相談	福井県教育研究所	0776-36-4852 8：30～17：15（月～金）
福井県	ヤングテレホン	福井県警察本部	0120-783-214 8：30～17：15（月～金）
山梨県	いじめ・不登校ホットライン	山梨県総合教育センター	055-263-3711 24時間受付

都道府県	相談窓口名称・運営主体	運営主体	電話番号 開設時間
山梨県 （続き）	ヤングテレホンコーナー	山梨県警察本部 少年サポートセンター	055–235–4444 8：30～17：00（月～金）
長野県	電話教育相談	長野県総合教育 センター	0263–53–8811 9：00～12：00 13：00～17：00（月～金）
	ヤングテレホン	長野県警察本部	026–232–4970 8：30～17：15（月～金）
岐阜県	いじめ相談24	岐阜県総合教育 センター	0120–740–070 24時間受付
	岐阜県青少年SOS センター	岐阜県環境生活部 男女参画青少年課	0120–247–505 24時間受付
	ヤングテレホンコーナー	岐阜県警察本部 少年サポートセンター	0120–783–800 24時間受付（月～金）
静岡県	ハロー電話「ともしび」	静岡県総合教育 センター	各地区による 9：00～17：00（月～金） 9：00～17：00（土日祝）
	ふれあい相談室	静岡県警察本部	054–254–9110 8：30～17：15（月～金）
愛知県	教育相談 「こころの電話」	（公財）愛知県教育・ スポーツ振興財団	052–261–9671 10：00～22：00（毎日）
	ヤングテレホン	愛知県警察本部	052–951–7867 9：00～17：00（月～金）
三重県	いじめ電話相談	三重県総合教育 センター	059–226–3779 24時間受付
	少年相談110番	三重県警察本部 少年サポートセンター	0120–41–7867 9：00～17：00（月～金）
滋賀県	こころんダイヤル	子ども・子育て 応援センター	077–524–2030（子ども用） 9：00～21：00（毎日）

都道府県	相談窓口名称・運営主体	運営主体	電話番号 開設時間
京都府	ふれあい・すこやかテレフォン	京都府総合教育センター	075–612–3368・3301 または0773–43–0390 24時間受付
	ヤングテレホン	京都府警察本部 少年サポートセンター	075–551–7500 24時間受付
大阪府	すこやか教育相談	大阪府教育センター	06–6607–7361（子ども用） 06–6607–7362（保護者用） 06–6607–7363（教職員用） 9：30 ～ 17：30（月～金）
	グリーンライン	大阪府警察本部	06–6944–7867 9：00 ～ 17：45（月～金）
兵庫県	ひょうごっ子 悩み相談センター	兵庫県教育委員会	0120–783–111 9：00 ～ 21：00（毎日）
	ヤングトーク	兵庫県警察本部	0120–786–109 9：00 ～ 17：30（月～金）
奈良県	あすなろダイヤル	奈良県立教育研究所	0744–34–5560 9：00 ～ 21：00（月～金） 9：00 ～ 19：00（土日祝）
	ヤングいじめ110番	奈良県警察本部 少年サポートセンター	0742–22–0110 8：30 ～ 17：15（月～金） ＊その他の時間は当直員が対応
和歌山県	いじめ相談	和歌山県教育 センター	073–422–9961 9：00 ～ 18：00（月～金）
	ヤングテレホン いじめ110番	和歌山県警察本部	073–425–7867 9：00 ～ 17：45（月～金）
鳥取県	いじめ110番	鳥取県教育委員会	0857–28–8718 24時間受付
	ヤングテレホン	鳥取県警察本部	0857–29–0808 8：30 ～ 17：15（月～金）

都道府県	相談窓口名称・運営主体	運営主体	電話番号 開設時間
島根県	いじめ相談テレフォン	島根県教育委員会	0120–874–371 または 0120–779–110 9：00 ～ 19：00（月～金） 10：00 ～ 17：00（土日祝）
	ヤングテレホン	島根県警察本部 少年サポートセンター	0120–786–719 8：30 ～ 17：15（月～金） ＊その他の時間は当直員が対応
岡山県	教育相談	岡山県青少年総合 相談センター	086–221–7490 8：30 ～ 21：30（月～日）
	ヤングテレホン・ いじめ110番	岡山少年サポート センター	086–231–3741 24時間受付
広島県	いじめダイヤル24	広島県立教育 センター	082–420–1313 24時間受付
	ヤングテレホンひろしま	広島県警察本部 少年対策課	082–228–3993 24時間受付
山口県	やまぐち子ども SOSダイヤル	子どもと親の サポートセンター	083–987–1202 24時間受付
	ヤングテレホン・ やまぐち	山口県警察本部 中部少年 サポートセンター	0120–49–5150 24時間受付
徳島県	徳島県立総合教育 センター		088–672–5200 9：00 ～ 17：00（月～金）
	いじめホットライン	徳島県警察本部 少年サポートセンター	088–623–7324 24時間受付
香川県	24時間いじめ電話相談	香川県教育センター	087–813–1620 24時間受付
	少年相談電話	香川県警察本部 少年サポートセンター	087–837–4970 9：00 ～ 17：00（月～金）

都道府県	相談窓口名称・運営主体	運営主体	電話番号 開設時間
愛媛県	愛媛県総合教育 センター		089-963-3986 8：30～17：15（月～金）
	ひめさぽ	愛媛県警察本部 少年サポートセンター	089-934-0110（代表） 9：00～17：00 （月～金、第1・第3土曜）
高知県	高知県心の教育センター	高知県教育委員会	088-833-2922 9：00～21：00（毎日）
	いじめ相談電話	高知県警察本部	088-872-7867 8：30～17：15（月～金）
福岡県	教育相談	福岡県教育センター	092-948-3000 9：00～17：00（月～金）
	子どもホットライン24	各教育事務所	24時間受付
佐賀県	いじめホットライン	佐賀県教育委員会	0952-27-0051 24時間受付
	教育相談	佐賀県教育センター	0952-62-5211 8：30～17：00（月～金）
	佐賀県警 少年相談総合センター		0120-29-7867 8：30～17：15（月～金）
長崎県	親子ホットライン	長崎県教育センター	0120-72-5311
	ヤングテレホン	長崎県警察本部 少年サポートセンター	0120-786-714 9：00～17：45
熊本県	すこやかダイヤル	熊本県教育センター 教育相談室	0968-44-7445 9：00～17：00（月～金）
	肥後っ子テレホン	熊本県警察肥後っ子 サポートセンター	0120-02-4976 8：30～17：15

都道府県	相談窓口名称・運営主体	運営主体	電話番号 開設時間
大分県	大分県教育センター		097–503–8987 9：00～17：00（月～金）
	ヤングテレホン	大分県警察本部 大分っ子フレンドリーサポートセンター	097–532–3741 9：00～17：45（月～金）
宮崎県	ふれあいコール	宮崎県教育委員会	0985–38–7654 または0985–31–5562 8：30～21：00（毎日）
	ヤングテレホン	宮崎県警察本部	0985–23–7867 9：00～17：45（月～金）
鹿児島県	かごしま教育ホットライン24	鹿児島県総合教育センター	0120–783–574 24時間受付
	ヤングテレホン	鹿児島県警察本部 少年サポートセンター	099–252–7867 8：30～17：15（月～金）
沖縄県	教育相談室	沖縄県立総合教育センター	098–933–7537 9：00～17：00（月～金）
	ヤングテレホンコーナー	沖縄県警察本部 少年サポートセンター	0120–276–556 または098–862–0111 9：30～18：15（月～金）

※内閣府『児童虐待、いじめ、ひきこもり、不登校等についての相談・通報窓口』（http://www8.cao.go.jp/youth/soudan/）、各運営機関HPより作成

子どもの人権110番（有料）電話番号一覧

法務局／地方法務局	電話番号
札幌法務局	011-728-0780
函館地方法務局	0138-26-5686
旭川地方法務局	0166-37-7838
釧路地方法務局	0154-31-3110
仙台法務局（人権擁護部）	022-225-6070
福島地方法務局	024-536-1155
山形地方法務局	023-634-9110
盛岡地方法務局	019-626-2655
秋田地方法務局	018-862-6533
青森地方法務局	017-776-9113
東京法務局	03-5213-1422
横浜地方法務局	045-212-4365
さいたま地方法務局	048-859-3515
千葉地方法務局	043-247-9666
水戸地方法務局	029-231-5500
宇都宮地方法務局	028-627-3737
前橋地方法務局	027-243-0760
静岡地方法務局	054-275-3070
甲府地方法務局	055-252-0110
長野地方法務局	026-232-8110
新潟地方法務局	025-229-0110
名古屋法務局	052-952-8110
津地方法務局	059-224-3535
岐阜地方法務局	058-240-5510
福井地方法務局	0776-26-9777
金沢地方法務局	076-292-7843

法務局／地方法務局	電話番号
富山地方法務局	076-441-1161
大阪法務局	06-6942-1183
京都地方法務局	075-231-2000
神戸地方法務局	078-393-0118
奈良地方法務局	0742-23-5734
大津地方法務局	077-522-0110
和歌山地方法務局	073-425-2704
広島法務局	082-228-4710
山口地方法務局	083-920-1234
岡山地方法務局	086-224-5657
鳥取地方法務局	0857-27-3751
松江地方法務局	0852-26-7867
高松法務局	087-815-5253
徳島地方法務局	088-622-8110
高知地方法務局	088-822-6505
松山地方法務局	089-932-0877
福岡法務局（人権擁護部）	092-852-4536
佐賀地方法務局	0952-28-7110
長崎地方法務局	095-827-7831
大分地方法務局	097-532-0122
熊本地方法務局	096-364-0415
鹿児島地方法務局	099-259-7830
宮崎地方法務局	0985-20-8747
那覇地方法務局	098-853-4460

※法務省『[IP電話用]「子どもの人権110番」（有料）電話番号一覧』
（http://www.moj.go.jp/JINKEN/jinken112-1.html）より作成

都道府県警察本部のサイバー犯罪相談窓口等一覧

都道府県警察本部	電話番号
北海道警	011-241-9110（総）
青森県警	017-735-9110（総）
岩手県警	019-654-9110（総）
宮城県警	022-266-9110（総）
秋田県警	018-865-8110（専）
山形県警	023-642-9110（総）
福島県警	024-525-3311（総）
警視庁	03-3431-8109（専）
茨城県警	029-301-8109（専）
栃木県警	028-627-9110（総）
群馬県警	027-224-8080（総）
埼玉県警	048-832-0110（代）
千葉県警	043-227-9110（総）
神奈川県警	045-664-9110（総）
新潟県警	025-285-0110（代）
山梨県警	055-235-2121（代）
長野県警	026-233-0110（総）
静岡県警	054-254-9110（総）
富山県警	076-441-2211（代）
石川県警	076-225-0110（代）
福井県警	0776-22-2880（総）
岐阜県警	058-272-9110（総）
愛知県警	052-951-1611（代）
三重県警	059-224-9110（総）
滋賀県警	077-522-1231（代）
京都府警	075-414-0110（総）

都道府県警察本部	電話番号
大阪府警	06-6943-1234（代）
兵庫県警	078-341-7441（代）
奈良県警	0742-23-0110（代）
和歌山県警	073-432-0110（総）
鳥取県警	0857-27-9110（総）
島根県警	0852-31-9110（総）
岡山県警	086-234-0110（代）
広島県警	082-228-0110（代）
山口県警	083-922-8983（専）
徳島県警	088-622-3180（専）
香川県警	087-833-0110（代）
愛媛県警	089-934-0110（代）
高知県警	088-875-3110（専）
福岡県警	092-641-9110（総）
佐賀県警	0952-26-9110（総）
長崎県警	095-823-9110（総）
熊本県警	096-383-9110（総）
大分県警	097-536-2131（代）
宮崎県警	0985-26-9110（総）
鹿児島県警	099-254-9110（総）
沖縄県警	098-863-9110（総）

（総）総合電話番号
（代）警察本部代表電話番号
（専）サイバー犯罪相談等専用電話番号
※警察庁『都道府県警察本部のサイバー犯罪相談窓口等一覧』より作成
警察庁サイバー犯罪対策（https://www.npa.go.jp/cyber/soudan.htm）

本書に記載する各種設定方法や各機関連絡先等は、2016年3月時点のものです。
詳しくは各種HPを参照ください。

おわりに

昨今、メディアでも大きく取り上げられている「スマホトラブル」や「ネットいじめ」。いじめを受けていたり、トラブルに巻き込まれていても、親や友達に打ち明けることができず、一人で悩みや苦しみを抱え込んでしまう子どもがいるという実態があります。どんなに忙しくても、ちょっとした子どもの異変に気付くことができれば、子どもを救うことができるのです。子どもの心のＳＯＳに気付き、子どもが悩み苦しむとき、共に考えることで子どもの命を守ることができるのです。

スマホによるトラブルが起こると、ネット環境の規制をするべきと叫ぶ教師も多いですが、それでは何の問題解決にもなりません。自分たちが理解できないものを悪と決めつけ、規制することは教育ではありません。「事故に遭ってはいけないから、外に出るな」と言っているのと同じです。子どもたちを取り巻く環境は日々変化しています。教師も日々成長しなければならないのです。ＩＣＴ教育が普及する上で、情報モラル教育は必要不可欠です。

子どもをネットいじめやスマホトラブルから守るためには、保護者や教師が、インターネットの利便性と問題点を十分に理解した上で、子どもたちに教育していかなければなりません。自覚を促す大人も正しい知識を持つ必要があり、包丁のような便利な道具でも使い方を間違うと凶器になることを知る必要があります。学校では児童生徒と教員の良好な人間関係を築き、ネットにかかわらず些細な変化を見逃さないことで大きなトラブルを未然に防ぐことができます。家庭では食事や勉強の時間は、ＬＩＮＥをやらないなど家族でルールを決め、親子の会話を大切にし、明るい家庭環境をつくることを心掛けなければなりません。

安川　雅史

【参考資料】

・文部科学省「全国学力・学習状況調査（全国学力テスト）」２０１３年12月25日
・東北大学、仙台市教育委員会「学習意欲の科学的研究に関するプロジェクト」研究結果 ２０１５年３月19日
・安川雅史著『「いじめ」と闘う親と子を応援する本』（中経出版、２００７年）
・安川雅史著『「学校裏サイト」からわが子を守る！』（中経出版、２００８年）
・守屋英一『フェイスブックが危ない』（文藝春秋、２０１２年）
・小林直樹ほか編『わが子のスマホ・ＬＩＮＥデビュー 安心安全ガイド』（日経ＢＰ社、２０１４年）
・西村博之著『ソーシャルメディア絶対安全マニュアル トラブルにまきこまれないＦａｃｅｂｏｏｋ、Ｔｗｉｔｔｅｒ、ＬＩＮＥの使い方』（インプレスジャパン、２０１３年）

◆著者紹介

安川雅史（やすかわ・まさし）
1988年大学卒業後、北海道立高等学校、私立高等学校教諭を経て、2005年、全国webカウンセリング協議会理事、06年同協議会理事長に就任。第一学院高等学校統括カウンセラーの役職も務める。ネットいじめ、不登校、ひきこもり、少年犯罪問題等に取り組み、全国各地で講演会や研修会を行っている。過去10年間で、2000会場以上で講演会を実施。受講者数は40万人を超える。教育評論家として、メディアにも多数出演している。

〔主な著書〕
家族とともに癒す不登校・ひきこもり（文芸社）
「ひきこもり」と闘う親と子を応援する本（中経出版）
「いじめ」と闘う親と子を応援する本（中経出版）
「学校裏サイト」からわが子を守る！（中経出版）

子どものスマホ・トラブル対応ガイド

平成28年 4月11日　第1刷発行
平成30年12月30日　第6刷発行

著　者　安川　雅史

発行所　株式会社ぎょうせい

〒136-8575　東京都江東区新木場1－18－11
電話　編集　03-6892-6508
営業　03-6892-6666
フリーコール　0120-953-431

URL：https://gyosei.jp

〈検印省略〉

印刷　ぎょうせいデジタル㈱

ISBN978-4-324-10060-8
(5108196-00-000)
〔略号：スマホトラブル〕